本书受国家自然科学基金面上项目（71372017，71772012）、北京理工大学“双一流”引导专项经费资助，特此致谢！

吴水龙◎著

AN EMPIRICAL STUDY ON THE EFFECTS OF CORPORATE BRAND ON PRODUCT EVALUATION

公司品牌对产品评价影响的实证研究

经济管理出版社
ECONOMY & MANAGEMENT PUBLISHING HOUSE

图书在版编目（CIP）数据

公司品牌对产品评价影响的实证研究/吴水龙著. —北京：经济管理出版社，2017.8
ISBN 978-7-5096-5222-0

Ⅰ. ①公… Ⅱ. ①吴… Ⅲ. ①公司—品牌效应—影响—产品—评价—研究—中国
Ⅳ. ①F279.246

中国版本图书馆 CIP 数据核字（2017）第 165959 号

组稿编辑：梁植睿
责任编辑：梁植睿
责任印制：黄章平
责任校对：陈 颖

出版发行：经济管理出版社
（北京市海淀区北蜂窝 8 号中雅大厦 A 座 11 层 100038）
网 址：www. E-mp. com. cn
电 话：（010）51915602
印 刷：北京玺诚印务有限公司
经 销：新华书店
开 本：710mm×1000mm/16
印 张：12
字 数：202 千字
版 次：2017 年 8 月第 1 版 2017 年 8 月第 1 次印刷
书 号：ISBN 978-7-5096-5222-0
定 价：49.00 元

前　言

公司品牌是品牌理论发展中的新分支，在品牌架构中占有主导地位，是长期品牌管理的核心内容，也是公司战略性资产的重要来源。公司品牌理论研究旨在探寻公司品牌的结构维度，考察公司品牌对所有利益攸关者存在的影响关系，并深入分析公司品牌的影响机制和作用条件。

公司品牌化是影响顾客感知和产品评价的重要策略。西方既有的相关理论研究表明，公司品牌具有公司社会责任和公司能力两个重要维度，公司社会责任和公司能力在影响顾客产品评价的过程中具有不同的作用路径和影响效果。深入和细化的实证研究进一步发现，公司品牌及其维度在影响顾客产品评价关系中，存在一定的作用条件和边界。

在创建公司品牌实践中，还存在诸多需要得到理论支持才能予以解决的问题：首先，在资源有限条件下，企业面临创建公司品牌和产品品牌的战略决策及秩序选择问题；其次，公司品牌在影响顾客产品评价关系中，存在尚未探索到的重要调节因素和作用边界问题；最后，调节因素对公司社会责任和公司能力产生的影响是否均衡的问题。从理论上回答这些问题，不仅将拓展和深化公司品牌的理论研究，而且还将对创建公司品牌实践提供重要的理论支持和行动指南。因此，在公司品牌理论研究既有重要成果的基础上，基于社会心理学、认知心理学等学科领域的诸多重要理论，如可获得性—可诊断性理论（accessibility-diagnosticity framework）、图式一致性理论（schema congruity）等，针对上述有待解决的问题，本书提出了相应的重要理论假设。尤其具有创新意义的是，基于社会心理学、组织行为学和营销学的综合视角，在社会认同理论和公司品牌理论的研究基础上，本书提出了顾客公司认同在公司品牌和顾客产品评价关系之间具有调节效应的重要理论假设。

本书包含七章内容：

第一章，绪论。通过现实中的营销现象，引出本书研究讨论的主要问题，并据此分析和提出本书的研究主题及相关理论背景，对本书的主要研究概念进行界定，然后讨论该选题的理论意义和实践价值，并对全书结构进行安排。

第二章，文献综述。通过对公司品牌、产品品牌、顾客公司认同和产品评价等主要构念相关的理论文献和实证研究进行全景式扫描回顾和评析，找到有待进一步研究的空间，为本书实证部分奠定重要的理论依据，并为本书实证研究中的概念操作化定义做好铺垫。

第三章，公司品牌对产品评价影响的研究设计。提出本书的理论框架及主要研究假设，并根据研究目的进行总体实验设计。

第四章，实验 1：公司品牌、产品品牌对产品评价的影响差异研究。实证研究公司品牌与产品品牌对产品评价的影响，并研究公司品牌与产品品牌影响顾客产品评价之间的差异，从而对主体假设 1 进行验证。

第五章，实验 2：公司认同对公司品牌影响产品评价的调节效应研究。进一步实证公司品牌对产品评价的影响，重点研究这两者影响关系的作用条件和作用边界，即验证公司认同在公司品牌和产品评价影响关系之间的调节效应。

第六章，实验 3 与实验 4：公司认同对公司品牌不同维度影响产品评价的调节效应研究。实证研究公司认同分别对公司社会责任及公司能力与产品评价之间的调节效应。

第七章，结论与建议。总结全书的研究结论，并对书中的研究发现进行总体性讨论，从理论上诠释实证研究结果的原因。讨论本研究的理论贡献和营销实践启示，并指出研究中存在的局限性及未来值得进一步探讨的研究空间。

本书的主要结论有：

（1）公司品牌与产品品牌对顾客产品态度和购买意向均具有正向的影响作用。验证了在顾客面临产品评价而又不具备完整信息时，公司品牌和产品品牌因此成为判断的主要外部线索。并且，品牌相关信息对于消费者的产品评价和购买决策具有正向和直接的影响效果。

（2）其他条件相同的情况下，公司品牌对顾客产品评价影响的效应显著大于产品品牌对顾客产品评价影响的效应。这表明，中国消费者在产品评价和购买决策中，主要遵循“公司→产品”的思维模式。本研究发现为在资源有限条件下企业选择优先创建公司品牌提供了理论支持。

(3) 顾客公司认同在公司品牌和产品评价影响关系中具有显著的调节作用。本研究结论不但深化了公司品牌影响产品评价作用条件和边界的研究，而且证实了公司认同在消费者行为中的重要地位，拓展了认同理论在营销领域的应用和研究。

(4) 顾客公司认同对公司品牌两个维度和产品评价具有不均衡的调节效应。具体表现为显著地调节公司社会责任和产品评价之间的影响，而对公司能力和产品评价没有起到明显的调节效应。研究不但从理论上证实了公司社会责任和公司能力对顾客产品评价具有不同的作用机制和影响效果，而且验证了公司认同分别与公司社会责任、公司能力相互作用的关系。

本书的研究结论拓展和深化了公司品牌的理论研究，实证研究了公司品牌和产品品牌对顾客产品评价影响效果的差异性，验证了顾客公司认同对于整体性公司品牌的调节效应，辨识了公司认同对于公司社会责任、公司能力与产品评价之间调节作用的非均衡性。这些研究发现对于创建公司品牌实践具有指导价值。

目　录

第一章 绪 论

本章介绍本书主要研究的问题、研究的背景及研究的意义，并对书中的主要概念进行界定，然后提出全书的研究框架。

第一节 问题提出与理论背景

一、问题提出

消费者如何感知和选择产品是营销者关注的重要问题。在 2008 年中国四川汶川发生 8.0 级强烈地震的自然灾害面前，国内外企业的社会捐助及公司行为表现迥异，出现的“万科地震 8 级”（万科“捐款门”事件）和“封杀”王老吉（“只要看到王老吉，见一罐买一罐，让王老吉断货”）典型现象颇为引人深思。万科作为房地产行业的领导者品牌，一直深受消费者“青睐”，而王老吉尚属凉茶饮料新秀，还只在华南区域市场享有盛誉。然而，似乎仅在一夜之间，如同王老吉的鲜红包装，王老吉产品迅速在全国市场走红，受到全国消费者热捧和追逐；而万科却遭遇“万科地震 8 级”，甚至遭遇消费者抵制。在万科和王老吉两公司产品未作任何变化的情况下，由于公司行为不同，导致消费者对公司产品的感知、评价和购买意向发生巨大变化，一边是“殃及池鱼”，另一边却是“爱屋及乌”，这一现象进一步折射出消费者选择产品的复杂性，令营销实践者深思，也为营销理论研究带来新的课题和新的视角。

另外一类典型的营销现象，就是消费者对于源自不同国别公司所提供产品或服务的态度差异很大。比如，对于来自日本的汽车和电子产品，其公司品牌都非常强势，甚至进入“全球品牌500强”榜单，而中国消费者在面临这些产品的购买决策时，却表现出截然不同的态度和评价。尽管面对全球知名的公司品牌，有些消费者对其产品的评价和购买意向却非常低，甚至根本无法进入消费者的“考虑集”（consideration set）。相反，另有一部分消费者被冠以“崇洋消费”，他们甚至不了解产品的公司品牌或实力，而仅在“外国货”的标签下，就会产生较高的产品评价和购买意向。对于这种现象和消费行为，有学者（如Shimp and Sharma，1987；王海忠，2002；等等）从“民族中心主义”的视角进行了实证和诠释，并获得了丰富的研究成果。然而，随着消费者表达自我、彰显个性需求的日益突出，有必要从“民族主义”的层面聚焦到“顾客”层面，研究消费者视角的产品评价影响因素，从而更加有利于公司制定具有针对性的品牌营销策略。

由于市场中的信息不对称性，消费者收集和获取产品信息的成本非常昂贵。产品的信息种类广泛而又复杂，包括产品价格、质量、可靠性、服务、技术特征及售后服务等，消费者无法收集齐全，尤其对于公司新近推出的新产品，消费者能借以依赖的产品信息更是稀缺。因此，消费者极有可能依赖对产品广告信息的印象、所能记住的广告中的品牌名称或者朋友的推荐，进行产品决策和购买（Rozek，1982）。因此，对于消费者而言，品牌能够简化购买决策、保证产品质量、降低购买风险并最终产生顾客信任和忠诚等（Keller，2003）。由此可见，品牌成为消费者购买决策依赖的重要信息。

品牌的主要功能在于使顾客[①]获得有关产品质量的信息。品牌缺失或品牌模糊通常会导致产品质量信息的缺失或模糊，信息缺失对于买卖双方都有不利影响：买方无法将产品与质量水平联系起来，而卖方在产品质量的信息沟通中也存在障碍。Akerlof（1970）的“柠檬市场”研究了信息不对称条件下“劣品驱除良品”的现象，信息缺失将最终导致市场失效。出现“柠檬市场”的本质性原因是信息不对称，即顾客在购买之前无法感知产品的质量信息，而解决这一难题的策略在于通过品牌进行“信息发射”（information signaling）。Nayyar（1990）经研究认为，由于买卖双方的信息不对称，迫使卖方通过提高公司声誉和公司品牌的途径，向既有客户提供新产品或服务。拥有良好声誉的公司通常具备可信赖、负责

① 若无特别说明，本书中的“消费者”、“顾客”和“客户”系指同一概念内涵。

任、高品质和追求卓越等特征（Fombrun and Shanley，1990）。也就是说，通过良好的公司品牌，能向顾客“发射”高质量产品（服务）、低交易风险的市场信号。因此，顾客更倾向于与具有良好声誉的公司进行交易并保持长期合作。良好的品牌规划和品牌建设，成为公司与竞争者形成差异化的利器，从而提高顾客对产品质量的感知水平和购买意向。

公司是消费者创建次级品牌联想的重要杠杆实体（Keller，2003）。品牌实践中的一个大胆创新和突破，就是借用强势的次级品牌联想，通过杠杆化效应为现有品牌创建强势、积极和独特的联想（卢泰宏等，2009）。公司品牌化已成为影响消费者感知和产品选择的重要策略，是品牌资产的重要来源。Keller（2008）认为，公司品牌能创建的联想非常丰富，包括产品属性和利益、消费者态度、人际关系、计划价值和公司信誉等。此外，正面的公司形象还有助于培育员工忠诚、吸引高素质人才、建立和投资者之间的良好关系，以及影响公众意见等（Keller and Aaker，1992）。因此，在理论上而言，强势公司品牌一定能使消费者对产品形成积极的评价，产生较高的购买意向。然而，“万科捐款门”和“封杀王老吉”事件却有悖于此，其原因何在？公司品牌与产品评价的影响关系之间是否存在边界？或者作用条件？如何创建和传播公司品牌？这为营销的理论研究提供了新的思考和机会。

公司品牌的创建和传播固然重要，因为公司品牌不但会影响消费者对产品的感知、评价和购买，而且公司品牌的强弱（如“全球品牌500强”榜单及上榜公司数量）还在一定程度上代表所在国家的经济实力和公司治理水平。因此，无论对于企业自身，还是对于企业所在国家，都毫无疑问地希望创建强势的公司品牌。然而，本研究所引出的营销现象，至少在以下几个方面值得营销实践者思考和理论研究者探索：

首先，公司品牌与顾客产品评价之间的作用关系是否还受到非营销因素的影响？这是一个重要的理论问题，对这个问题的回答具有重要的实践价值，因为找到公司品牌和产品评价之间关系的影响因素，不但将利于公司品牌的创建和推广工作，而且对于公司维护长期稳定的顾客关系和顾客忠诚具有重要的借鉴意义。公司品牌对顾客的产品评价具有影响，不但已在营销实践中得到发现，而且已在营销理论研究中得到证实。而更值得关注的是，公司品牌影响顾客的产品评价存在一定的作用条件和作用边界，这是一个较新的研究趋势和热点，有些学者已经开始进行实证研究，并以营销因素的影响研究为主（如产品类别、公司品牌战略等）。然而，本研究提出的营销现象，似乎不只是营销因素的作用。那么，这类非营销因素又是什么呢？这是本研究将重点探讨的内容。

其次，公司品牌创建和推广的战略战术思考。在长期的品牌战略中，公司创建品牌所拥有的资源是有限和稀缺的，因此，必须面临资源分配的选择，这是一个重要的现实问题。公司投资于技术创新、设备升级、新品开发、公益事业和社区建设等，其初衷无不在于提升公司品牌形象，引发顾客好感和培养顾客忠诚，产生大量的重复购买和良好的口碑推荐。然而，由于公司资源有限，在这些公司行为中，企业必须进行权衡选择和优先侧重。那么，“公司的哪类行为应该在什么条件下得到优先考虑和投资”则是非常具有实践价值的研究课题，这不但涉及公司品牌不同内容（维度）对顾客产品评价的影响，而且关系到公司品牌不同内容的影响条件和作用边界。

再次，公司品牌与产品品牌的优先创建顺序问题，这是企业创建品牌实践所面临的选择困惑。如果企业没有资源限制，就不存在公司品牌和产品品牌创建顺序的选择难题。然而，绝大多数企业创建品牌面临的现实是资源受到限制和约束，对于初创型和中小型企业更是如此。因此，品牌实践中到底是优先创建公司品牌还是优先投资产品品牌？这是一个有待进行实证研究的现实课题。现有的理论研究表明，品牌对于顾客的产品评价具有重要的影响作用。然而，公司品牌和产品品牌是两个不同的载体，两者虽然具有关联，但仍具有本质性的内涵差异。公司品牌和产品品牌对顾客购买的影响效果是否一致？Ward 和 Lee（2000）曾通过对在线消费者的一项研究发现，当顾客进行在线购买决策时，顾客通常依赖品牌名称作为产品信息的替代，并更多地依靠公司品牌而非产品品牌进行决策。这说明在一定情境下，公司品牌比产品品牌更容易成为顾客产品评价和购买决策的参考依据。因此，本研究将通过实验法对此予以实证研究。

最后，构建公司能力和投资公司社会责任行为的边界及条件。这两者构成公司品牌的重要维度，创建强势公司品牌在一定程度上取决于公司能力的构建和公司社会责任形象的建设。然而，公司通过社会责任行善一定有善报吗（Sen and Bhattacharya，2001）？公司能力对消费者产品评价的影响到底有多大？对这些问题的回答关系到公司社会责任和公司能力的构建条件和边界，因此，从理论上研究公司能力和公司社会责任与产品评价影响关系的作用条件，具有重要的实践价值和现实意义。无疑，这将为创建公司品牌实践提供理论指导。

二、理论背景

消费者对某一具体公司的感知，长期以来一直影响消费者对该公司及其产品的态度和反应（Brown and Dacin，1997；Gürhan-Canli and Batra，2004；等等），因此，理论界和实践界越来越重视消费者如何评价公司，并在全球范围内引发兴趣。此外，社会认同理论（Brewer，1991；Tajfel and Turner，1985）的研究成果不但被引入组织行为研究领域并获得丰富的研究发现（Bergami and Bagozzi，2000；Dutton et al.，1994），而且已在营销领域得到应用和借鉴（Sen and Bhattacharya，2006；等等）。因此，接下来将简要阐述公司品牌和公司认同理论研究的有关背景。

（一）公司品牌理论研究的兴起及背景

西方品牌理论研究发展至今，虽然在不断地发生变化和演进，但简洁地描述一下，品牌理论研究的重心和主导性领域随时间大致经历了五个重要阶段：①品牌阶段；②品牌战略阶段；③品牌资产阶段；④品牌管理阶段；⑤品牌关系阶段（卢泰宏和周志民，2003）。

公司品牌属于品牌战略阶段，这一阶段实现了从品牌（brand）到品牌化（branding）的跨越（卢泰宏等，2009）。公司品牌化（corporate branding）不仅意味着公司产品的品牌化，更重要的是将公司创建为一个品牌。

卢泰宏等（2009）认为品牌战略阶段的基本科学问题包括：①品牌化的相关决策问题。②如何通过品牌化形成品牌识别的问题。这涉及品牌差异化的两个关键要素，即品牌形象和品牌定位。③如何规划品牌战略的问题。这涉及两个基本工具——品牌架构和品牌组合。Keller（2008）认为，品牌层级（brand hierarchy）是以层级图法规划公司品牌战略的有效工具，它能清晰地界定品牌之间的层次秩序，定义品牌与产品之间的关系。在品牌层级中，公司品牌占有主导地位，位于品牌架构的顶端，其次是家族品牌，再次是产品品牌。因此，公司品牌成为品牌架构中一个重要的热点，它不仅是营销领域中的核心概念，而且受到了跨学科领域的广泛关注（吴水龙等，2009）。

诸多迹象表明公司品牌深受营销经理和研究人员关注。一方面，许多公司不断在慈善捐助、公益营销、社区建设和环境保护等方面投以重金，为提升公司整体形象进行品牌传播；营销经理之所以关注公司品牌，在于它所提供的优势不容易被竞争对手所复制（Brown，1998），并且公司声誉是企业保持持续竞争优势的重要源泉（Hall，1993），因此，Aaker（1996）认为应该在营销战略中充分利用公司品牌。许多跨国公司品牌，如戴尔、UPS、索尼、三星、IBM、微软、迪士尼、英国航空和联想等，在诸多文献都已受到特别关注和研究（Aaker，2004；Balmer and Gray，2003；Hatch and Schultz，2003；等等）。

另一方面，美国营销科学研究院（The Marketing Science Institute）专门以“公司品牌及其价值”为主题征集研究论文，引起了学术界广泛而持续的关注。对于公司品牌的研究，目前主要聚焦在两大领域：一是基于公司品牌价值及其测量方法的探索研究；二是研究公司品牌与利益攸关者（如股东、经销商、顾客等）之间的影响关系，尤其是对顾客产品评价的影响。关于第一个方面，Mukherjee 和 Balmer（2007）认为公司品牌之所以引起研究者浓厚的研究兴趣和热潮，是因为现有研究成果在如何测量公司品牌价值方面仍然存在探索空间。通常认为测量公司品牌价值存在两个主要维度，分别是基于公司视角和基于利益攸关者视角。前者又包括多种不同的测量方法（如增量现金流法、股票溢价法等），后者由于公司利益攸关者众多（如顾客、股东、职员、政府等）而更加复杂。关于对公司品牌研究的第二个领域，比第一个领域研究出现了更多的实证研究，并且更加细化和微观。如研究公司品牌的概念维度及其对产品评价的影响（Brown and Dacin，1997）、公司形象和品牌战略对新产品评价的影响（Keller and Aaker，1992）、研究公司品牌对产品评价影响的作用条件（Berens et al.，2005）、从跨文化视角分析公司品牌维度对顾客产品评价的影响（Souiden et al.，2006）等。Mukherjee 和 Balmer（2007）分析了公司品牌理论研究的缘起和展望，并归纳了公司品牌研究的主要类别（见表 1-1）。

表 1-1 公司品牌研究分类

研究视角		实证研究（positive）	规范研究（normative）
专业化视角	微观	就组织如何对公司品牌进行决策、管理和利用进行案例研究	公司品牌化决策（如投资、促销和资源分配等）
	宏观	公司品牌和股东特征（如人口统计因素）、公司特征（如市场导向、战略类型）、公司战略和市场绩效（如股票、顾客）之间的相互关系	在具有文化和经济水平差异的不同国家，如何使公司品牌协调一致

续表

研究视角		实证研究（positive）	规范研究（normative）
综合性视角	微观	公司品牌和其他构念之间的关系	如何使公司品牌服务于股东关系管理
	宏观	公司品牌和社会事件之间的关系	如何利用公司品牌提高企业在行业中的竞争力

资料来源：Mukherjee A.，Balmer J. M. T.. New Frontiers and Perspectives in Corporate Brand Management：In Search of a Theory［J］. International Studies of Management & Organization，2007（37）：3-19.

由上述分析可知，对公司品牌价值的测量及关注公司品牌对利益相关者（顾客、职员等）的作用影响，是引发学者积极探索公司品牌相关研究的主要动因。本研究主要探讨公司品牌对顾客产品评价的作用条件及其影响效果。

（二）认同理论在营销领域研究的借鉴和应用

随着社会认同理论（Brewer，1991；Tajfel and Turner，1985）的研究成果在组织行为研究领域得到拓展和应用（Bergami and Bagozzi，2000；Dutton et al.，1994），并对组织行为的相关实践工作提供了重要的理论依据和支持，Bhattacharya 等（1995）最早提出了顾客公司认同的概念。

任何社会关系都可理解为规则化的社会行为模式，而社会认同理论实现了群体过程和群际关系研究范式的根本性转变（如原先的经典模型、相对剥夺模型和现实群体利益模型等），从而成为当今社会行为研究的主流范式（方文，2008）。根据社会认同理论，人的自我价值部分源自其成员资格（group membership）以及对所在群体的积极评价。也就是说，人们会用自己或他人在某些群体的成员资格来构建自己或他人的身份。

社会认同理论由于为内群偏好（in-group favoritism）和外群歧视（out-group derogation）提供了一种独特的诠释和说明，因而得到了跨学科的广泛应用。认同现象首先在组织行为的研究领域受到关注和得到应用。Patchen（1970）最早提出了组织认同的概念，是指个体和组织之间的一种心理和情感纽带。组织认同被认为是社会认同的一种特殊形态（Ashforth and Mael，1989），之后，诸多学者（O'Reilly and Chatman，1986；Mael and Ashforth，1992；Dutton et al.，1994；等等）进行了组织行为学领域中认同现象的实证研究。结果发现，源于社会心理学和组织行为学的认同感，不但能满足社会身份和自我概念的需要，并且对组织成员忠诚度（Mael and Ashfoth，1992）、组织成员合作精神和公民行为（Bergami and Bagozzi，2000；Dukerich et al.，2002）都具有正向影响作用和效果。

随着客户关系管理（Customer Relationship Management，CRM）在营销实践中的兴起，许多公司开始注重并致力于与顾客建立深刻、积极、持久的关系。然而，并不是所有公司最终都能与顾客维持忠诚的客户关系，而只有少数公司（如哈雷-戴维森）创造了神话般的顾客忠诚。如有研究发现，94%的哈雷车主表示会再次购买哈雷摩托车。Aaker 和 Jacobson（1994）也发现，95%的土星（Saturn）顾客会向他人推荐该品牌，这个比例高于雷克萨斯和奔驰两个品牌车主的推荐比例。Bhattacharya 等（1995）随后从组织认同研究的发现中受到启示，提出将认同现象应用于顾客情境，并研究了顾客认同的前因变量和后向结果，发现强烈的顾客认同能形成企业的持久竞争优势。随后，Bhattacharya 和 Sen（2003）、Ahearne 等（2005）以及 Kim 等（2001）进行了认同在营销领域的实证研究，取得了丰富的成果，并成为营销跨学科研究领域的热点。因此，在公司品牌和产品评价的影响关系研究中引入顾客公司认同，具备坚实的理论基础。

第二节　研究主题与选题意义

一、研究主题

本书研究的核心构念是公司品牌，其稳定的结构维度包括公司能力和公司社会责任。本书在实证研究中，主要是依据这两个维度的内涵对公司品牌进行操作化定义。基于不同利益攸关者视角，公司品牌内涵的侧重有所区别，本书中的公司品牌是指基于顾客角度，消费者对公司整体形象和联想的感知，它会影响消费者对公司所推出产品（服务）的态度、评价和购买行为。研究表明，公司品牌和顾客产品评价之间通常具有正相关影响关系，公司品牌对产品评价影响的作用条件和边界的相关研究成为最新热点。本书将在理论推演的基础上，实证研究公司品牌对产品评价的影响及其存在的调节效应。

本书的另一个主要构念是顾客公司认同，它是指顾客对于某个特定公司所产生的情感依附和心理依赖，从而对该公司形成一种特有的归属感。公司认同源自社会认同理论，经由组织认同研究的发展，后来在关系营销的实践背景和研究范式下被引入营销学领域。顾客之所以会对公司产生认同，主要是希望将特定公司的社会形象同其自我形象联系起来，从而通过公司及其产品实现表达自我的目的。公司认同是本书有待验证的调节因素。

在理论回顾和文献评述的基础上，本书将提出研究的概念模型，并通过实验法实证研究以下内容：第一，实证研究公司品牌与产品品牌对产品评价的影响效果。即通过实验法验证公司品牌和产品品牌对顾客的产品态度和购买意向的影响关系，重要的是，本研究将比较公司品牌和产品品牌对产品评价的影响效果。第二，研究公司品牌对顾客产品评价影响的调节因素，并求证其调节方向。与既有的研究不同，本书引入具有社会心理学、组织行为学和营销学等交叉学科性质的公司认同构念，作为有待研究的调节变量。这区别于此前有关调节因素的研究，因为之前的学者对调节因素的实证，主要以营销学相关的研究构念为主。第三，分别研究公司认同对公司能力和公司社会责任两个维度的调节效应，并求证其调节方向。由于公司能力和公司社会责任内涵的差异，公司认同对两者的调节效应也许并不均衡，而对这一假设的验证则具有重要的理论意义和实践价值。

二、选题意义

（一）理论意义

本书选题具有一定的理论意义，主要体现在以下三个方面：

第一，弥补国内现有品牌理论研究中公司品牌实证研究的不足。自 20 世纪 80 年代以来，品牌理论研究日益受到重视并迅速成为营销学领域中最为重要的课题（Aaker，1991；Keller，1991；Smith and Park，1992），公司品牌是品牌理论发展中的重要新分支，在品牌架构中占有主导地位，是长期品牌管理的核心内容（吴水龙等，2009）。因此，公司品牌管理实践和理论研究已成为实务界和学术界日益重要的课题（Mukherjee and Balmer，2007）。通过梳理公司品牌相关研究文献发现（吴水龙等，2009；吴水龙和卢泰宏，2009；等等），虽然有关公司品牌的实证研究在西方学术界已得到较为广泛的关注（Brown and Dacin，1997；Brown，1998；Berens et al.，2005；Biehal and Sheinin，2007；等等），然而，公司品牌理论的实证研究在国内还较为匮乏，对顾客产品评价的影响还未引起关注。综观中国学术期刊网（CNKI）后发现，有学者定性研究了公司品牌个性，认为公司品牌个性是通过公司个体员工行为、公司群体行为及公司组织行为来共同体现，而公司品牌个性塑造的关键是保持公司品牌个性设计与公司品牌行为的一致性。王海忠和赵平（2008）以国家自然科学基金课题“公司形象维度及其对市场网络成员长期关系导向的影响机制”为契机，以中国企业为样本实证研究了公司品牌形象对经销商关系导向的影响，提出对处于主导地位的制造商，当务之急是改善诚信形象，以强化经销商的长期关系导向。可见，当前中国学者关于公司品牌理论实证研究的重要文献还不丰富，尤其是公司品牌和产品品牌对产品评价影响的实证研究更是匮乏。因此，本书实证研究公司品牌对产品评价的影响，将在一定程度上弥补国内这方面理论研究的不足。

第二，在研究理论框架中引入具有交叉学科性质的重要调节变量。在公司品牌影响产品评价关系的研究中，由最初实证两者之间的影响关系（Brown and Dacin，1997；Keller and Aaker，1992；等等），细化和深化到研究两者关系的作用条件和影响边界（Brown，1998；Berens et al.，2005；Biehal and Sheinin，2007；等等）。然而，学者们当前关注和研究的调节因素主要聚焦于公司的营销因素方面，如品牌战略类型（“背书”品牌或单一品牌）、产品特点（令顾客风险感知高或低）。本书试图根据社会认同理论（Brewer，1991；Tajfel and Turner，1985）研究成果及其在组织认同中的实证发现（Bergami and Bagozzi，2000；Dutton et al.，1994），将具有社会心理学、组织行为学和营销学交叉学科性质的构念——顾客公司认同，引入公司品牌和产品评价的影响关系中，并验证顾客公司认同所起的调节效应。在公司品牌和产品评价作用之间引入公司认同并实证其影响，使得本研究具有一定的理论意义，这不仅是因为进一步扩大了认同理论的应用范围，而且更重要的是，这将拓宽公司品牌和产品评价关系之间调节因素的视野，对未来更加深入细化的研究起到开拓性的借鉴作用。

第三，从理论上探讨公司品牌和产品品牌对产品评价影响的作用效果。公司品牌和产品品牌具有本质内涵的不同（吴水龙等，2009；吴水龙和卢泰宏，2009；Keller，2008；Aaker，1996；Balmer，1995；等等）。对于消费者而言，品牌简化了顾客购买决策、保证了产品质量、降低了购买风险并最终产生顾客信任和忠诚（Keller，1998；2003），品牌在 Akerlof（1970）信息不对称的“柠檬市场”中起到了“信息发射”的作用，解决了市场失效的难题。毫无疑问，公司品牌和产品品牌都具有非常重要的作用。然而，营销实践中资源受限的现实，使企业在品牌创建的实践中，经常面临在公司品牌和产品品牌两者之间孰先孰后、孰轻孰重的现实选择。当前，这方面的理论研究尚不丰富。因此，本书实证研究公司品牌和产品品牌对产品评价影响的作用效果，其研究发现将为企业在选择公司品牌与产品品牌的创建顺序方面提供理论支持。

（二）实践价值

本书选题的实践价值主要体现在以下三方面：

第一，对于公司品牌的创建具有重要的指导作用。品牌的创建是一项长期而又复杂的系统工程，公司品牌的创建更是如此。强势的公司品牌有助于降低成本、降低顾客风险感知、使产品获得顾客认可，并为不同的利益攸关者建立共同的基础（杨一翁和孙国辉，2013；Hatch and Schultz，2003），其直接的影响效果在于提高顾客的产品评价和购买行为。企业因此参与和投资多类公司行为，如更新设备、提高技术创新、参与社区建设和社会捐助事业等，以期创建强势的公司品牌，吸引顾客购买并提高顾客忠诚度。然而，如果不了解公司品牌对产品评价影响的作用机理和作用条件，那么企业对各项公司行为的投资就可能难以摆脱盲目性的损失。本书通过实验法，不但将实证研究公司品牌影响产品评价的作用条件和作用边界，而且将更加深入地研究调节变量对公司能力和公司社会责任的调节效应。因此，本书的研究将对公司品牌的创建具有更加精确的指导性价值，从而使公司品牌的实践工作更加具有针对性。

第二，对于企业在公司品牌和产品品牌之间优先创建顺序的选择具有借鉴意义。由于资源的稀缺性和有限性，企业在创建品牌的实践工作中，经常会面临是优先建立公司品牌还是优先创建产品品牌的决策难题，对于中国本土的初创型企业尤其如此。当然，有些企业是采用单一品牌战略（monolithic branding strategy），即公司品牌和产品品牌合二为一（如飞利浦）。然而，单一品牌战略风险较大，也就是当品牌遭遇困难或失败时，会累及所有品牌（Keller，2008）。因此，绝大多数企业会选择双重品牌（dual branding）或背书品牌（endorsed branding）战略（Berens et al.，2005），后两种品牌战略的实质是对公司品牌和产品品牌进行各自创建。尽管公司品牌和产品品牌对顾客产品评价和购买意向均有影响，然而这种影响是否均衡？公司在品牌创建的实践中如何优先分配有限的资源？本书将通过实验法检验公司品牌和产品品牌对顾客产品评价的影响效果，研究发现将为公司品牌和产品品牌建设顺序选择提供理论支持。因此，本书对于企业的品牌战略选择具有重要的借鉴作用。

第三，对于公司制定品牌传播策略具有直接的参考价值。本书将在概念模型中引入顾客公司认同作为公司品牌和产品评价之间作用关系的调节变量，以考察公司认同的调节效应，该实证研究的发现对于公司制定品牌传播策略具有重要参考作用。既有研究（Whetten and Godfrey，1998）发现，公司身份（company's identity）是通过多种传播途径抵达消费者。例如，Albert 和 Whetten（1985）注意到公司身份通常是通过官方文件传播，如公司年报、新闻发布等，传播途径还包括公司品牌标志及符号（如 LOGO、公司办公大楼外观等）。Bhattacharya 和 Sen（2003）将公司身份归纳为两大类，即核心价值部分（如营运方针、组织使命、领导力）和公司统计特征部分（如公司规模、历史、原产地和竞争地位等），并将公司身份内容与公司传播途径按照公司可控性程度进行了对应，如原产地通过可控性强的公司广告进行传播，而营运方针更多的是通过可控性较差的第三方媒体或顾客进行传播。因此，倘若公司认同的调节效应得到证实，将为 Bhattacharya 和 Sen（2003）这一研究发现的实践应用提供理论支持，从而对公司品牌的传播策略起到重要的参考价值。

第三节　概念界定与结构安排

本节首先对书中涉及的主要研究概念进行界定，目的在于为后续实证研究中进行操作化定义做好铺垫，并与相关概念进行区分，从而聚焦本书研究主题。其次，本节还将对全书的整体研究内容进行安排和交代，并以框架图形式说明全书各章的逻辑结构和承启关系。

一、主要研究概念的界定

由于在本书后续章节的文献述评中会阐述和解释有关概念的具体内涵，因此，本节概念界定的重点不在于概念本身的内涵，而是着眼于说明与可能混淆概念之间的区别，并对书中出现不同名称，但代指同一内涵的概念进行交代和说明。

公司品牌。本书中“公司品牌”具体是指消费者对公司的整体性认知。西方文献中对公司的认知，先后出现过公司识别（corporate identity）、公司形象（corporate image）及公司联想（corporate association）等概念，不同文献基于不同视角（如股东、职员、顾客等）对于这些概念的定义不尽相同。Brown 等（2006）对这些概念和术语进行了综述性研究和归纳区分。但本书认为，基于消费者视角，公司品牌表现为公司形象和公司联想，用于描述消费者对公司的态度、情感和认知。因此，本书是以“公司品牌”概念统领公司识别、公司形象及公司联想等概念所包括的全部内涵，在本书中公司品牌主要包含公司能力和公司社会责任两个维度。

产品品牌。在品牌理论研究和发展的历程中，学者们最初定义和所规范的品牌概念，实际上就是本书所指的“产品品牌”。也正因为如此，本书在文献回顾中对于产品品牌的概念内涵没有过多着墨，而是重点评析产品品牌与公司品牌的关联和区别，从而为实证研究中概念的操作化定义进行铺垫。因此，本书对于产品品牌的概念仅在此予以交代和说明。

卢泰宏等（2009）在研究品牌理论演进的综述性文献中指出：D.Ogilvy 首次提出了品牌的概念，Gardner 和 Levy 在发表的第一篇品牌专业性论文《产品与品牌》中，提出了情感性品牌和品牌个性思想，Light 和 King 对品牌内涵和外延进行了规范性研究。对于品牌的规范性定义，尽管研究者深入追寻了品牌和品牌化的历史渊源（Keller，1993）、探究了品牌的发展阶段，但最后都认同了美国营销协会（American Marketing Association，AMA）“品牌是一个名称、术语、标记、符号或设计，或是这些元素的组合，用于识别一个销售商或销售商群体的商品与服务，并且使它们与其竞争者的商品与服务区分开来”的定义。AMA 关于品牌的定义后来在许多主流核心文献中一直得到了应用。因此，本书也采用该定义。

产品评价。本书中的“产品评价”是指消费者对公司推出产品的综合性态度和行为，具体包括对该产品的质量评价、吸引力评价、可靠性评价和购买意向。本书实证研究中的公司推出产品，与公司的品牌延伸不同。品牌延伸是重点强调将现有成功的品牌名称用于另一产品（Aaker，1996；Ahluwalia and Gürhan-Canli，2000），也就是在实证研究的操作化中，重点是突出待评价产品使用原来已经建立的品牌。尽管本书也是对产品进行评价，但所评价产品的品牌在本书中不是重点和焦点，甚至以虚拟品牌或指代符号而弱化这种已创建成功品牌的影响。也就是说，本书产品评价的重点是对于产品质量、产品吸引及产品可靠性等产品相关属性的产品态度评价，而品牌延伸研究中的重点，是对品牌态度的评价。因此，本书中公司推出的产品评价与公司在品牌延伸中推出产品的评价，两者在研究中对自变量的操控有着本质上的区别。

公司认同。本书中的“公司认同”概念即顾客—公司认同（consumer-company identification，C-C identification），它是指“营销者不断日益寻求与消费者之间建立的一种深刻、忠诚、有意义的心理关联”（Sen and Bhattacharya，2001）。公司认同能为消费者提供对某个特定公司的认同感，或使消费者对某个特定公司具有归属感。与组织认同概念类似，公司认同也是源于社会认同理论，因而具有社会认同的本质历程，即公司类化（company categorization）、公司比较（company comparison）和对公司的积极区分（positive distinctiveness for company）。公司认同感与品牌认同感在本书中有所区别，品牌认同感是指偏好特定品牌的部分消费者对该品牌的认同程度，而公司认同感的目标是特定的公司，其主体主要是由希望将特定企业的社会形象同其自我形象联系起来的不同类型的消费者群体构成。例如，对“帕萨特”这一汽车品牌的认同感应区别于对其生产企业“上海大众”的公司品牌认同感。

二、结构安排

本书将在对相关研究主题进行学术回顾和理论述评的基础上，发现值得进一步探索和研究的机会，并根据既有研究和相关理论提出研究假设，通过实验法对提出的假设进行实证，验证假设是否合理，并对最后的研究结论进行讨论和诠释，指出研究发现对营销实践的启示意义和对理论研究的借鉴作用。本书各章节的逻辑结构和承启关系如图 1-1 所示。由图 1-1 可以看出，全书共分七章，并可综合为三大部分：引言部分、主体部分和结论部分。

引言部分包括第一章、第二章，是研究的背景和基础。其中，第一章“绪论”通过现实中的营销现象，引出本书研究讨论的主要问题，并据此分析和提出本书的研究主题及相关理论背景，对本书的主要研究概念进行界定，然后讨论该选题的理论意义和实践价值，并对全书结构进行安排。第二章“文献综述”是研究的重要理论基础，通过对公司品牌、产品品牌、顾客公司认同和产品评价等主要构念相关的理论文献和实证研究进行全景式扫描回顾和评析，不但能发现其中的研究断层，找到有待进一步研究的空间，而且为本书实证部分奠定重要的理论

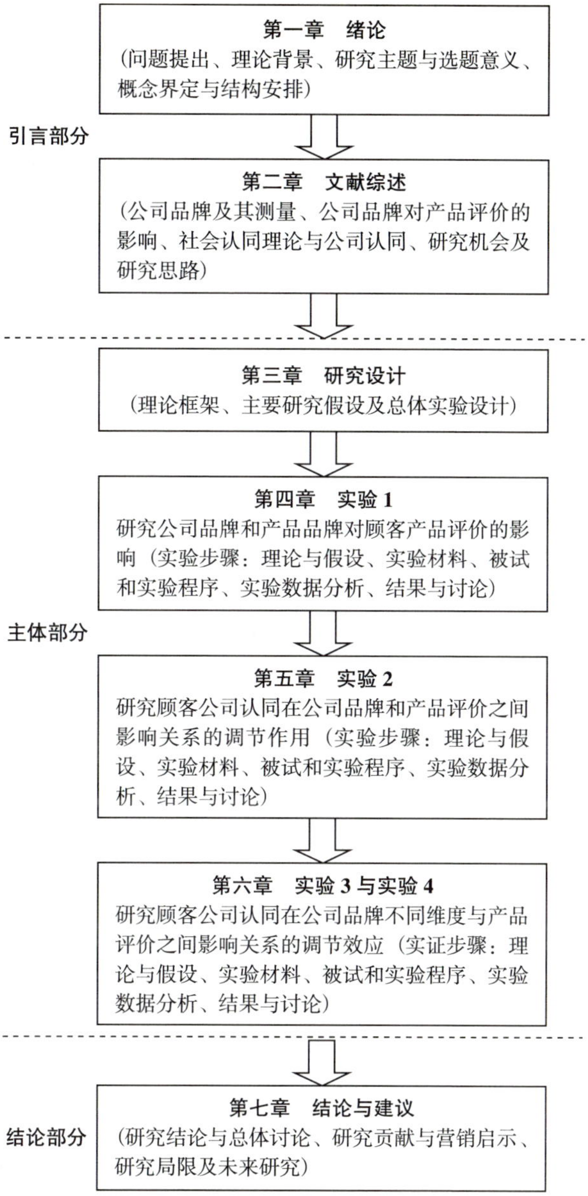

图 1-1 框架结构

依据，并为本书实证研究中的概念操作化定义做好铺垫。

主体部分包括第三章、第四章、第五章、第六章，这也是本书的实证研究部分。其中，第三章是“研究设计”，将提出本书的理论框架及主要研究假设，并根据研究目的进行总体实验设计。第四章“实验 1”，是通过实验 1 实证研究公司品牌与产品品牌对产品评价的影响，并研究公司品牌与产品品牌影响顾客产品评价之间的差异，从而对主体假设 1 进行验证。在实证方法上采用规范的实验法程序，即根据理论提出假设，准备实验材料，明确和控制实验程序，进行操控性检验、数据分析并对实验结果进行讨论。在第四章研究发现的基础上，第五章是通过实验 2 进一步实证公司品牌对产品评价的影响，重点研究这两者影响关系的作用条件和作用边界，即验证公司认同在公司品牌和产品评价影响关系之间的调节效应。实验 2 在方法和程序上与实验 1 相同。倘若实验 2 提出的假设被予以验证，则有必要进一步探讨公司认同分别对公司品牌两个维度的调节效应，以细化相关研究。因此，本书第六章是通过实验 3 和实验 4，实证公司认同分别对公司社会责任及公司能力与产品评价之间的调节效应。在方法和程序上与前两个实验相同。因此，本书主体部分通过四个层层推进的实验，详细、深入地研究公司品牌对产品评价的影响效果，探讨两者之间的作用机制和作用条件，细化对公司品牌两个维度的研究。

第七章为结论部分。该章是总结全书的研究结论，并对书中的研究发现进行总体性讨论，从理论上诠释实证研究结果的原因。此外，第七章还将讨论本研究的理论贡献和营销实践启示，并指出研究中存在的局限性及未来值得进一步探讨的研究空间。

第二章 文献综述

由第一章可知，消费者形成产品评价和进行购买决策时，受到公司品牌的影响，并且，公司品牌的作用机制存在条件和边界的制约。根据本书的研究主题，本章将对相关的理论研究和实证发现成果进行述评。首先，围绕公司品牌的概念、维度及其测量，本章将进行全方位回顾和评析。目的在于厘清公司品牌的内涵和实质，并与产品品牌进行区分，为本书后续实证研究中的概念操作化进行铺垫。其次，本章追溯了公司品牌影响产品评价实证研究的核心文献，从中能窥探出这一领域的研究脉络和发展路径，从而有利于发现本研究的研究机会和空间。最后，本章引入社会学和组织行为学研究领域的重要主题——认同理论，并回顾和评析了认同理论在营销学领域的研究借鉴和最新发展，从而在公司品牌（与产品品牌）、公司认同[①] 和产品评价三者之间建立关系假设，为提出本书实证研究的理论框架和逻辑结构奠定理论基础。

第一节 公司品牌及其测量

公司品牌将是未来新建品牌获得成功的唯一途径……由于技术作为校准器的作用越来越大，消费者也降低了对单个品牌评价的依赖性。

——史蒂夫·金（Stephen King），英国智威汤普森（J.W. Thompson）广告公司

① 本书所出现的“公司认同”概念，若无特别指出，均指“顾客—公司认同”（consumer-company identification）概念的内涵。

自20世纪50年代以来，对顾客有关公司认知及其影响的研究一直是国外学者关注的重点，并且形成了丰富的成果。重要的研究结论之一是，顾客对于公司相关信息的感知，会影响顾客对该公司及其产品的评价和选择。如公司品牌对产品特点（Brown and Dacin，1997）、价格感知（Creyer and Ross，1996）、产品价值评估（Goldberg and Hartwick，1990）和顾客购买意向（Sen and Bhattacharya，2001）都有重要的影响作用。公司品牌不但已构成企业资产负债表中的重要资产（Aaker，1996），而且越来越成为公司营销战略的关键要素。随着竞争的日益加剧，产品和服务同质化越来越严重，不断趋于雷同。Aaker（2004）认为公司品牌有助于形成差异，创造品牌化的差异点，因为公司品牌“有多种办法使自己与众不同”，它拥有众多与组织有关、可以产生丰富品牌联想的元素，如公司珍贵的历史遗产、资产和能力、价值观与愿景、公司社会责任等。

一、公司品牌的概念与构成

公司品牌不仅是营销领域中的核心概念，而且受到了跨学科领域的广泛关注。基于品牌架构的研究表明，公司品牌与产品品牌既不可分割，又存在差异，对两者的深刻认识，有助于公司制定健康、和谐的品牌组合战略。

（一）公司品牌的相关概念

有关消费者对公司的认知，在文献研究中先后出现过公司识别、公司形象及公司联想等概念。Dacin 和 Brown（2002）曾专门发表论文指出，公司品牌有两个核心概念：公司形象和公司联想。

最早关于顾客对公司认知的概念，可以追溯到20世纪30年代的“公司识别系统”（Corporate Identity System，CIS），当时由美国 Lord & Taylor 和 Steuben Glass 等公司首先提出。这些公司之所以提出 CIS 概念，目的是使公司在各类媒介的传播过程中，能为消费者传递“统一、完整”的企业形象（如公司 LOGO、公司名称书写等），便于消费者辨识。因此，公司识别是企业选择向所有公众（社区、顾客、员工、股东等）识别自己的方式总和。Dacin 和 Brown（2002）提出公司识别是企业通过各种沟通手段试图达到的品牌预期状态，是企业决策层和营销者预期达到的组织特征总和。

公司形象的概念很早就已在营销文献中出现，始于20世纪50年代后期。Brown（1998）扫描了1958年到1997年关于公司形象的文献，研究了这40年期间不同学者关于“公司形象”概念的核心内涵。表 2-1 列出了几种具有代表性的公司形象定义。

表 2-1　公司形象的代表性定义

研究者（年份）	公司形象的定义
Easton（1966）	公司形象是建立在企业基础上的印象总和（collective impressions）。这些印象中，部分源于顾客与企业的亲身接触（personal contact）、部分源于传闻（hearsay）、部分源于大众媒体传播、部分源于不受企业所控制的心理倾向
Enis（1967）	公司形象是个人对企业的全部感知及相互关系的总和，是消费者为方便整体思考而对公司的抽象与简化
Pharoah（1982）	公司形象是顾客对企业的期望、态度和感觉
Barich 和 Kotler（1991）	公司形象是个人或团体对企业的信念、态度及印象的总和

资料来源：Brown T. J.. Corporate Associations in Marketing: Antecedents and Consequences [J]. Corporate Reputation Review, 1998 (1): 215-233.

由表 2-1 可知，尽管公司形象定义的文字表述不尽相同，但仔细研究其内涵，有几点共同之处：①公司形象存在于消费者个体层面，而并非由公司或管理层决定和控制，它存在于顾客的心智和大脑之中；②对于具体公司而言，不同视角会形成不同的品牌形象（如微软公司的品牌形象，在财务分析师和营销专家看来会有区别）；③心理学术语成为公司形象定义中的主流要素，如强调公司形象是“感知”（Spector，1961；等等）、是心智“图景”或公司“画像”，或者是关于公司的“联想和意义”等。因此，公司形象最初源于企业营销实践需要，却最终存在于个体消费者的信念、感知和态度之中。

Brown 和 Dacin（1997）从整合、集成的角度提出公司联想的概念，认为公司联想是顾客对某一特定公司所有相关信息的认知，包括对公司的感情（如心情和情绪）、评价（具体认知或感情的依附）及联想模式（如刻板印象）等，并强调公司联想是公司品牌的核心构成。公司联想描绘了消费者个体对于公司的“所想、所感”，是基于心理学“联想网络记忆模型”提出的重要营销概念。Brown（1998）进一步将公司联想的含义深化，指出公司联想是包含“公司形象”、“公司声誉”和“公司识别”等概念含义在内的“集成式”术语，公司联想涵盖了人们对公司的信念、心情、感情、评价及其他任何形式有关公司信息的认知。可以看出，公司联想的主体是人们（公司所有的利益攸关者），公司联想的范围更大。

由上述分析可知，基于消费者视角，公司品牌表现为公司形象和公司联想，用以描述顾客对公司的态度、情感和认知。Aaker（2004）认为公司品牌是“一个最终的品牌化集合体”，由于公司品牌代表一个组织，因此公司品牌是“担保者和驱动者”。显然，Aaker是从品牌组合（brand portfolio）的视角强调了公司品牌的地位。Keller（2008）在《战略品牌管理》第三版中强化了公司品牌和公司品牌资产的概念，突出了公司品牌在企业品牌战略中的关键性作用和主导性地位。Keller（2008）认为，公司品牌资产是顾客、员工、合作伙伴及其他任何相关者对于特定企业言论、行为、传播及产品（服务）的差异化反应。公司品牌是彰显公司特质、表达公司个性的强有力工具，这是产品或服务本身无法传递给消费者的。

（二）跨学科领域的公司品牌内涵

公司品牌不仅是营销学的研究热点，而且受到跨学科领域的广泛关注，学者们从不同学科视角对公司品牌进行了研究。从战略管理和经济学的视角，认为公司品牌是企业的“声誉资产”（reputation capital），这种声誉资产不但能给企业带来资产性利益，在市场中有效地构筑进入壁垒，而且成为一种鼓励竞争者合作的机制和给企业带来溢价的机制。Brown等（2006）的研究表明，企业股东通常依赖于公司声誉资产进行投资决策和产品选择。Nayyar（1990）研究了买卖双方在信息不对称条件下，卖方倾向于通过强化公司品牌战略，简化买方的购买决策，降低顾客的风险感知，以公司品牌作为“背书”和“承诺”，保证产品质量，增强顾客信心。Dutton（1994）等从组织行为学理论的研究视角，认为公司品牌形象会影响组织成员对组织身份的认同程度。在金融学领域，从组织净资产的角度研究了公司品牌如何为股东创造价值。

对于跨学科领域公司品牌内涵的研究，尽管受到了广泛关注，但始终没有离开三个共同的主要研究问题，即：①公司利益攸关者（如创始人、职业经理人、员工、顾客、股东、公众、竞争者等）如何认识和看待公司品牌？②公司怎样形成、利用或改变这种看法？③利益攸关者对形成不同认知的公司，有何差异化反应？显然，公司品牌已成为多个学科领域具有重要理论意义和实践价值的主题，尽管在不同领域的关注焦点有所不同，但可以看出，学者们一致认同公司品牌是企业战略性资产的主要来源。

（三）基于品牌架构的公司品牌研究

品牌架构（brand hierarchy）是以层级图法描述企业品牌战略的有效工具，

它能清晰地界定品牌之间的层次秩序，定义品牌与产品之间的关系（Keller，2008）。在品牌架构中，公司品牌占有主导地位，位于品牌架构的顶端，其次是家族品牌（family brand），最后是产品品牌（product brand）。

品牌架构的研究具有重要的现实意义。首先，由于企业资源有限，品牌架构突出了企业品牌层级之间主次缓急的差异，利于资源的选择性集中投入。其次，有助于企业清晰地规划品牌战略，进行有效的长期品牌管理。最后，为不同层级品牌的理论研究作了明晰的区分。

公司品牌在品牌架构中占有主导性和战略性地位，诸多研究证实了这一点。每年一度由美国哈里斯互动（Harris Interactive）市场调查机构负责的公司声誉系数（reputation quotient）调研表明，顾客购买意向、推荐购买及投资选择，与良好的公司品牌之间存在显著的正相关关系。著名品牌评估机构 Interbrand 研究发现，与其他企业相比，强势公司品牌能使企业股票价格在牛市中增值 5%~7%，而在熊市中减少损失。

品牌架构不但强调了公司品牌的重要地位，而且突出了公司品牌与产品品牌的差异。Aaker（1996）在其"品牌三部曲"之一的著作《创建强势品牌》中，认为品牌识别存在四个不同的视角，分别是作为产品的品牌（产品品牌）、作为组织的品牌（公司品牌）、作为个人的品牌（品牌个性）和作为符号的品牌（品牌象征意义）。Aaker 认为，公司和产品（服务）是两个不同的载体，公司品牌和产品品牌之间存在差异。公司品牌的重心在于组织及其属性，而产品品牌则聚焦于具体的产品或服务。Keller（2008）认为公司品牌比产品品牌具有更深的内涵，公司品牌蕴含的品牌联想范围更宽。公司品牌联想的范围包括：人（公司所有的利益攸关者，如顾客、股东、供应商、公司员工等）与关系（公司的各类关系，如社会、社区等）、公司价值与企业愿景、公司诚信与社会责任等。公司品牌所激发的品牌联想对公司品牌资产和产品市场绩效具有至关重要的影响作用。产品品牌联想则主要与该产品的质量、利益及属性相关。

在营销实践层面，Balmer（1995）指出在公司品牌和产品品牌之间存在诸多不同：首先，公司品牌的创建和管理是首席执行官（CEO）的首要责任，而产品品牌则主要由品牌经理负责；其次，公司品牌能潜在影响多类利益攸关群体，而产品品牌则主要聚焦于消费者；最后，公司品牌直接源于组织体系并与多类利益群体沟通，而产品品牌则主要源于具体产品或服务。

由于公司品牌与产品品牌的本质不同，两者体现的品牌个性（brand personality）也存在差异。公司品牌个性是公司所有利益攸关者作为一个整体而具有的人格化特征，反映了公司（所有员工）的整体性价值理念、公司愿景与行动。产品品牌个性主要与具体产品（服务）的消费者形象有关，是消费者表达自我的实体和工具，仅反映产品（服务）的特征属性。表 2–2 概括了公司品牌与产品品牌在不同属性层面存在的差异。

表 2–2 公司品牌与产品品牌的区别

	公司品牌	产品品牌
品牌的聚焦点	公司（组织）	产品或服务
品牌联想的范围	包括人（公司利益攸关者）、各类关系、公司愿景和价值观、公司社会责任等	仅与产品的质量、属性相关
品牌的创建及管理	是公司 CEO 的责任，属于公司战略层面	主要由产品经理负责
品牌个性	代表公司是什么，反映公司的价值理念和公司愿景	主要与顾客形象有关

资料来源：笔者根据相关资料整理。

尽管在实际品牌战略中，公司品牌和产品品牌可以使用相同的名字，如戴尔、通用和摩托罗拉等品牌。但是 Aaker（2004）认为，即使两者名字一样，对公司品牌进行积极管理，使之与产品品牌尽量分开，还是非常具有意义的。公司品牌的独特之处及其潜在优势在于它反映了一个组织，不但能开发和利用产品、服务的属性，而且能发挥和利用组织特性。

二、公司品牌的测量与维度

既然对公司的感知会影响消费者决策与购买，并构成公司的战略资产（Dowling，1993）和持久竞争优势的来源（Aaker，1996；Hall，1993），公司每年花费巨资用于广告宣传、企业善举、赞助活动等，以期塑造强势的公司品牌，那么，顾客对公司感知的重点在哪些方面？也就是公司品牌的哪类（些）联想会显著地影响顾客评价？对这个问题的回答，无疑成为营销实践和理论研究的关注重点。这涉及公司品牌联想维度的测量与判断。实证研究表明，公司品牌联想的不同维度对顾客的影响不尽相同（Brown and Dacin，1997；Sen and Bhattacharya，2001），因此，测量公司品牌维度是公司品牌管理和企业传播战略的重要内容。

（一）测量方法

对公司品牌联想维度的测量，目前主要有两种方法：定量测量法和定性测量法。定量测量法主要是采用高度结构化的量表（通常是在实验法中采用语义差异量表或李克特量表），通过计算应答者（respondents）对公司品牌联想量表测项所评价的分值，寻找公司品牌联想的维度。定性测量法则是采用开放式的方式（如深度访谈、焦点小组），由应答者对公司品牌联想的相关主题进行自由讨论和阐述，研究者归纳公司品牌联想的维度。

两种测量方法各有利弊，学者根据研究的实际情况，对这两种方法均有选用，还有学者将两种方法综合运用。表 2-3 概括了两种方法的优缺点，并列举了部分学者运用这些方法的相关研究。

表 2-3 公司品牌维度测量方法

	定量法	定性法
具体形式	量表（如语义差异量表、李克特量表）	深度访谈、焦点小组
优点	相对成本不高，容易收集、分析数据，便于对不同品牌维度、测量人群的结果进行量化的对比分析	不受结构化量表的限制，被调研者能自由、真实地描述自己对具体公司的品牌联想
缺点	量表的“引诱性”局限；测量方法的误差；量表会增大“晕轮效应”发生的概率	成本较高（如时间、金钱及研究人员的精力等）
采用该方法的研究	Brown 和 Dacin（1997）用量表测度了公司品牌联想的能力和社会责任两个维度；Fombrun C. J.等（2000）用定量法测量了公司声誉系数（reputation quotient）	Suvatjis 等（2005）用深度访谈法研究公司品牌；Schoenfelder 等（2004）用深度访谈法研究了高科技公司品牌联想的维度

资料来源：笔者根据相关资料整理。

上述两种测量公司品牌联想维度的方法，在实际应用中并非绝对“非此即彼”的关系。O'Cass 和 Grace（2004）就联合运用两种方法研究了服务性质公司品牌联想的维度。实际上，Churchill 早在 1979 年研究营销构念（marketing construct）测量的范式问题时，就已经指出定性和定量两种测量方法的联合使用趋势。目前，研究公司品牌联想维度在测量方法上的常用步骤是：首先，采用定性方法的深度访谈或焦点小组技术，初步辨识公司品牌联想维度的关键要素，并发展和形成量表测项；其次，运用定量方法进行测评、数据处理及分析，提炼公司品牌联想维度。

（二）公司品牌的维度

自 Spector（1961）试图测量公司品牌联想维度以来，学术界的相关研究延续已近 50 年。综合这些学者（Spector，1961；Keller and Aaker，1993；Brown and Dacin，1997；Sen and Bhattacharya，2001；Keller，2003；Gürhan-Canli and Batra，2004；等等）关于公司品牌联想测量的研究，出现于文献中的公司品牌维度主要包括：创新、企业活力及想象力；产品和服务质量；感知的企业诚信；社会责任；公司投资价值；企业管理水平；公司赞助及社区友善等。以下介绍几种具有重要影响的公司品牌联想维度的研究及其结论。

1. 两维度论：公司能力和公司社会责任

Brown 和 Dacin（1997）采用定量方法进行实证研究，认为公司品牌联想主要包括两个维度：公司能力（corporate ability）和公司社会责任（corporate social responsibility）。公司能力主要指企业生产与提供产品或服务的专业水平，如技术创新能力、生产制造能力。公司社会责任则指公司面对重大社会问题时所表现出的道德观和责任感，在行为上表现为企业支持慈善事业、关注合法权益、捐助社会公益、保护环境和建设社区等。并且，消费者对于公司能力联想和公司社会责任联想两者之间没有关联（Brown and Dacin，1997）。

公司能力是公司品牌联想的重要维度，得到了研究者的一致认同，但对于公司能力的操作化定义，不同学者各有侧重。有学者（Brown and Dacin，1997；Keller and Aaker，1993）认为，公司能力主要体现为企业的技术创新水平；有学者（Goldberg and Hartwick，1990；等等）把公司各个方面的综合成就理解为公司能力；Keller 和 Aaker（1992）则认为顾客能感知的有关企业的专长技术，构成公司能力。

公司能力和公司社会责任均能影响顾客对公司及其产品的评价，并且公司能力维度的影响效果更为显著，Brown 和 Dacin（1997）、Ahluwalia 和 Gürhan-Canli（2000）的研究都证实了这一点。在影响顾客的产品信念和购买决策方面，公司能力维度比公司社会责任维度的作用更为显著，主要原因是公司社会责任与产品的具体属性关系不大，无法引起消费者的产品属性联想。Brown 和 Dacin（1997）指出公司社会责任联想与公司提供产品或服务的能力没有关联，公司社会责任只是通过影响公司的整体评价而影响顾客对产品的态度。

2. 三维度论：创新、诚信和社会责任

在前人研究的基础上，Gürhan-Canli 和 Batra（2004）重点聚焦于公司品牌联想的三个维度：创新（innovation）、诚信（trustworthiness）和社会责任，并研究了顾客感知风险（perceived risk）对这三个维度的调节作用。实验研究表明，当顾客购买产品的感知风险较高时（如购买刚进入市场的药品、新出的高科技产品等），创新和诚信两个维度（而不是社会责任维度）对顾客形成产品评价的影响更加显著。

Gürhan-Canli 和 Batra（2004）认为公司品牌联想的创新、诚信和社会责任三个维度非常重要。创新是影响顾客评价的重要公司联想（Brown and Dacin，1997；Keller，2003），并且在已有的公司联想方面，只有创新联想能影响顾客对品牌延伸拟合度和质量的判断（Keller and Aaker，1997）。公司的诚信联想能够帮助公司创建品牌忠诚、化解公司危机，并能得到相关管制部门（如政府、行业协会等）和新闻媒体的友善相待（Keller，2003）。公司社会责任是公司品牌整体形象的重要组成部分，Sen 和 Bhattacharya（2001）经研究表明，消费者非常关注企业在社会责任方面的态度及行为。

Gürhan-Canli 和 Batra（2004）不但实证研究了公司品牌维度及其对产品评价的作用和影响，并且深化和拓展了前人（Brown and Dacin，1997；Ahluwalia and Gürhan-Canli，2000；Sen and Bhattacharya，2001）的研究，提出了公司品牌维度的边界和作用条件，验证了顾客感知风险在产品评价中的显著性调节作用。

3. 六维度论

Brown（1998）在研究 1958~1997 年公司品牌相关概念及实证发现的基础上，构建了公司品牌联想的前置因素（antecedents）、维度（dimension）及后向结果（consequence）三者之间的结构模型（见图 2-1）。公司品牌联想的四大关键前置因素通过对公司联想的影响，最终在公司和产品两个层面产生后向结果。Brown 认为公司品牌联想包含六个维度；公司能力、与合作方的互动能力、与员工的互动能力、社会责任、营销因素和产品因素。

在图 2-1 中，除公司能力和社会责任两个重要维度外，Brown 还提出了另外四个维度。与合作方互动能力不但包括公司与上下游（供应商、经销商等）合作的公平性声誉，还包括公司如何对待员工（Cohen，1963；Keller and Aaker，1992）。与员工互动能力主要是衡量公司对待员工的责任心程度，包括公司行为

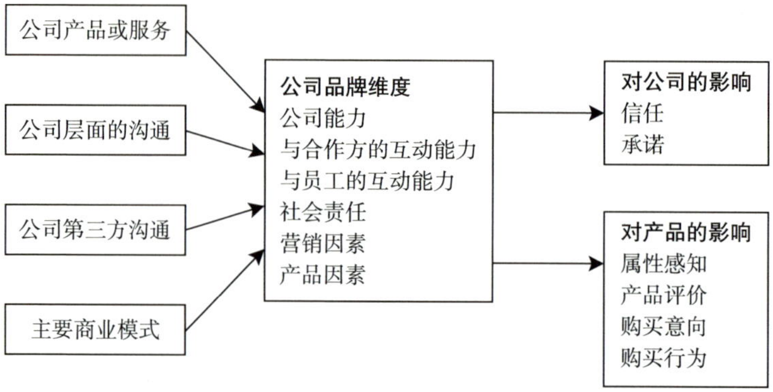

图 2-1 公司品牌的前因变量、结构维度及后向结果

资料来源：Brown T. J.. Corporate Associations in Marketing: Antecedents and Consequences [J]. Corporate Reputation Review，1998 (1)：215-233.

(Barich and Kotler，1991)、员工工作条件（Heaton，1967；Kennedy，1977)、管理和培训体系（Kennedy，1977）以及员工职业晋升的平等性。营销因素包括对公司沟通（如广告）的感知、销售队伍及分销渠道，这些都会对公司品牌联想产生作用。产品因素之所以成为公司品牌联想的维度，是因为有学者（Aaker，1996；Brown and Dacin，1997；Keller，1993）认为产品和公司提供产品的能力是两个不同的实体。生产能力构成公司品牌的重要联想，而具体产品或服务的质量也是公司品牌重要的次级联想渠道（Keller，1993）。

尽管 Brown（1998）是在文献分析和定性研究的基础上提出了公司品牌的六个维度，没有逐一进行实证，也没有检验公司品牌联想六个维度对顾客产品评价的影响程度及作用条件，但其主要贡献仍然体现在两个方面：一是首次关注到公司品牌联想维度的作用机制研究，并定性地提出公司品牌联想的四大前置因素；二是开创性地在公司品牌联想维度研究中提出了调节变量的作用因素，认为公司品牌在对产品评价的影响中，还受到三类调节变量（消费者特征、公司特征和产品特征）的作用。Brown（1998）提出前置因素和调节变量，为后续公司品牌研究的拓展和深化提供了方向。

此外，Fombrun 等（2000）从公司声誉的角度，提出了公司品牌联想的六个维度，分别是情感吸引、产品与服务、愿景与领导力、财务绩效、社会责任和工作环境。可以看出，这六个维度反映和测量了公司内部员工、外部股东、竞争环境和组织环境四个方面的公司品牌联想。Fombrun 等（2000）尽管没有直接提出公司能力维度，但愿景与领导力、财务绩效、产品与服务都是公司能力和综合实力的体现，而工作环境和社会责任维度主要测度了企业的社会责任。因此，Fombrun 等（2000）提出的公司品牌联想六个维度，实质上仍然主要是反映公司能力和公司社会责任两大方面。

综上所述，在公司品牌联想测量及维度研究方面，尽管不同学者的研究结论不尽相同，但可以归纳为以下几点共识：①定性法和定量法的联合运用是公司品牌维度测量方法的主流趋势。②公司能力和公司社会责任是公司品牌的两个重要维度。这两个维度自 Brown 和 Dacin（1997）经过实证研究提出后，在后来的研究中（Sen and Bhattacharya，2001；Gürhan-Canli and Batra，2004；Berens et al.，2005；Biehal and Sheinin，2007）不断得到验证，并一直保持稳定，为公司的营销实践提供了重要理论依据。因此，对于公司品牌维度的构成，本书也将采用公司社会责任和公司能力两维度的研究结论，并据此对本书实证研究部分进行操作化定义。③公司品牌的不同维度对顾客产生的感知作用并不均衡。这一结论为本研究拟进行的实验 3 和实验 4 提供了理论支持，亦即研究公司品牌不同维度对产品评价的影响效应。④公司品牌联想维度存在作用边界和条件。这使得相关研究进一步细化，并开辟了更为丰富的研究领域。

第二节 公司品牌对产品评价的影响

由于在购买和消费之前，顾客无法评估产品的具体属性，因此，公司品牌及其联想对消费者感知产品属性具有重要的影响作用（Wansink，1989；Brown，1994；等等），而对于新产品或者搜索类产品尤其明显。Hoeffler 和 Keller（2003）认为产品是由能满足消费者需求的一系列无形和有形的属性及利益构成，因此，当消费者对产品属性和利益的感知存在差异时，消费者对产品的评价和反应就截然不同。故此，许多跨国公司每年都投入巨资用于公司广告，如 IBM、微软和宝马等公司，希望创建强大的公司品牌（Keller and Aaker，1992）。积极、正面的公司品牌形象能为公司带来诸多利益，这主要体现在两大方面：其一是间接性利益（内部视角），良好的公司品牌有助于鼓舞员工士气、建立员工忠诚、吸引高素质人才以及形成良好的融资环境等；其二是直接性利益（外部视角），积极的公司品牌形象，将影响消费者的产品态度和评价、购买行为，提高公司的营销效率及战略性竞争优势。因此，公司品牌如何影响消费者产品态度及反应的实证研究，得到了学者们的广泛关注。

通过检索国际顶级营销学术期刊［*Journal of Marketing*（*JM*），*Journal of Marketing Research*（*JMR*）和 *Journal of Comsumer Research*（*JCR*）］追溯公司品牌的研究进展，发现其演进脉络以 20 世纪 90 年代为分水岭，将公司品牌的理论研究分为两个阶段：第一阶段（1990 年及之前）以定性研究为主，主要探讨公司品牌的概念和内涵（先后出现公司形象、公司识别等术语），重点是聚焦公司品牌的前因变量（antecedents），如公司传播策略，并开始关注到公司品牌的维度研究。第二阶段（1991 年及之后）则以定量研究为主，不但开始实证研究公司品牌的维度，并且重点研究公司品牌的后向结果（consequences），其中尤以研究顾客的产品评价（product evaluations）和购买意向（purchase intent）为热点。Brown（1998）在一篇有关公司品牌的综述性文章中也指出，营销学者对于公司品牌后向结果的关注，主要集中于研究消费者的产品反应影响（effects on product responses）。

一、公司品牌与产品的关系

公司品牌如同军队的护旗手，使人对军队产生信赖，但战争的胜利还是要依赖于军队自身的努力。

——戴维·阿克（David Aaker），美国加州大学伯克利分校
哈斯商学院营销战略教授

在对公司品牌和产品评价两者之间进行实证研究之前，许多营销学者和品牌专家已经关注到公司品牌和产品两者之间的关系，并进行了大量的定性研究和描述，其中尤其以 Keller（1993）和 Aaker（1996）的相关成果为典型代表。

（一）公司品牌是形成产品属性联想的关键次级联想来源

Keller（1993）最早在 *JM* 上发表论文阐述基于顾客的品牌资产模型时，首次提出了这一重要观点，后来在其奠基性著作《战略品牌管理》（1998，2003，2008）中，进一步论述了公司品牌和产品两者之间的关系。通常，当消费者缺乏动机或

者能力去判断与产品相关的信息时，次级品牌联想最有可能影响消费者对新产品的评价。换言之，当消费者对于选择何种品牌不太在意，或者缺乏足够的知识来选择合适的品牌时，他们就很有可能根据次级品牌联想（比如他们对原产地、公司品牌和销售商的看法、感觉和了解等）进行产品购买决策。Keller（2008）列举了建立品牌次级联想的八类实体，分别是：①公司。如通过品牌策略。②国家或其他地理区域。如通过对产品原产地的认同。③分销渠道。如通过渠道策略。④其他品牌。如通过联盟品牌。⑤特色。如通过许可授权。⑥代言人。如通过代言人为产品做广告。⑦事件。如赞助活动。⑧其他第三方资源。如获奖或评论。由此可以看出，品牌次级联想的来源实体主要分为四类，即人物、地点、事件和其他品牌（见图 2-2）。Keller（2008）认为，就一个新产品而言，通常有三种主要的品牌策略可供选择：①创建一个新品牌；②利用或修改现有品牌；③与现有品牌进行品牌联盟。公司品牌是后两种品牌策略中新产品依赖的主要来源。将新产品和已建立的公司品牌相联系，使消费者已有公司品牌的联想迅速传递给新产品，从而使消费者获得产品属性的感知和判断。因此，公司品牌是影响消费者新产品感知和购买意向的重要影响因素。

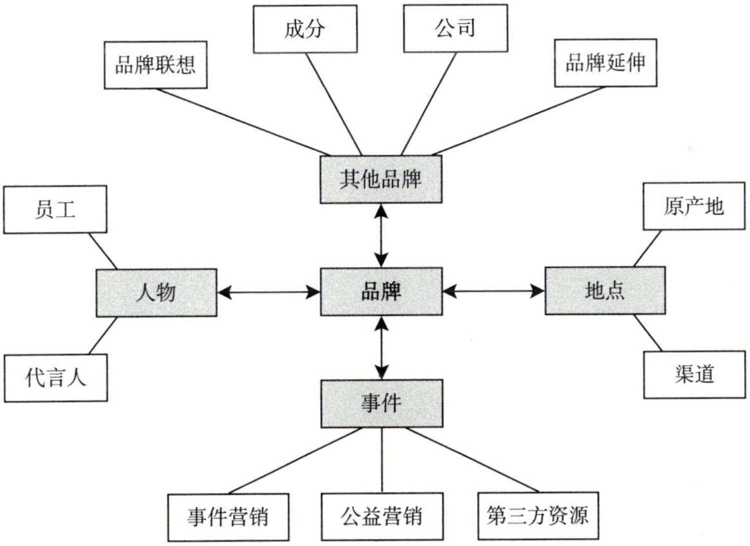

图 2-2 品牌次级联想的来源体

可以看出，公司是形成次级品牌联想的重要实体之一，公司品牌是消费者对产品形成品牌联想的重要源泉，也是品牌资产的重要来源。

（二）公司品牌和产品品牌之间既有区别，又有关联

Aaker（1996）经研究发现，为了确保品牌识别的广度和深度，公司需要从四个不同的视角认识品牌，分别是产品、公司、个人和符号。前文表 2-2 归纳了公司品牌和产品品牌的差异。Aaker 认为作为产品的品牌带来的联想主要包括：①品类联想。如哈根达斯代表冰激凌，Visa 就是信用卡，别克与汽车紧密相关，而康柏则指代电脑。②与产品相关的属性。是指在购买或消费产品过程中的直接相关属性，主要包括为顾客提供的功能性利益和情感性利益。如 7-11 连锁店，在于它提供了比杂货店更便利的服务，万豪酒店则拥有快速的结账系统。③质量和价值。质量是产品的重要属性，也是一种核心识别元素。如星巴克咖啡拥有稳定、持续提供全世界最好咖啡品质的声望。④关于产品使用场合的联想。成功的产品品牌往往与特定的使用场合密不可分，如星巴克的咖啡屋。⑤关于产品使用者的联想。由于产品的定位，这使产品与特定使用者的形象发生强烈关联，而牢靠的产品使用者类型定位可以实现产品的价值体现和品牌个性。娃哈哈产品与欢乐的孩童具有联系，奔驰轿车通常令人想到成功的企业家。⑥原产地效应。产品通常与能为产品品牌增加信誉的国家或地区相联系，从而具有原产地效应。如香奈儿被认为是永恒的法国品牌，斯沃琪具有瑞士优质钟表传统，奔驰则承袭德国制造工艺。

公司品牌与产品品牌相比，具有更为抽象和广泛的蕴涵。首先，公司品牌的实体是组织，其重心是组织属性，而不是产品或服务属性。如创新、关注环境和质量导向等组织属性，都是由公司的员工、文化、价值观和活动建立，而不是某一款具体产品所拥有的属性。其次，组织属性比产品属性更为持久，更能抵御竞争性活动。因为仿制一种产品比复制一个具有特别价值观和文化的组织要简单得多。最后，作为公司品牌的组织属性，有助于价值体现，可以为作为子品牌的产品诉求提供可信度。如关心顾客、关爱环境和技术创新等公司品牌属性，可以满足顾客的自我表达利益。Aaker（1996）在研究作为组织视角的公司品牌时，还指出：①公司品牌的组织联想很重要，因为公司品牌代表一个组织，以及组织内部的 CEO、设计师、工程师、生产工人和接触顾客的员工等。②经营多个品类的公司，其每个品类通常都有系列产品品牌。如西门子将其名称用在了销往 100 个国家的 10 万种产品上。③将公司品牌用于多种产品，能在建立知名度方面产生规模经济和范围经济效益。Aaker 以福特金牛座为例，形象地比较了公司品牌和

产品品牌之间的差异（见表 2-4）。

表 2-4 公司品牌与产品品牌比较举例

	公司品牌	产品品牌
品牌	福特	金牛座
联想类型	组织联想	功能性利益联想
联想	质量第一	设计精良
联想的主要功能	提供信誉	提供价值定位

资料来源：David Aaker. Building Strong Brands [M]. New York： The Free Press，1996.

二、公司品牌对产品评价的影响

Hoeffler 和 Keller（2003）根据广泛应用于广告情境的 AIDA（Attention，Interest，Desire and Action）层级模型，提出消费者购买行为通常分为三个不同的阶段：①注意和学习（attention and learning）；②诠释和评价（interpretation and evaluation）；③购买决策（choice）。第一阶段属于信息收集阶段，首次购买的消费者通常会更注重了解是否有熟悉的品牌，学习相关的品类知识。第二阶段是消费者购买行为中的关键阶段，消费者会对所有相关信息进行解释和评价，其中，品牌信息直接影响消费者决策，其余相关信息间接影响消费者的最终决策。第三阶段是指消费者的决策阶段，消费者在信息收集、品牌评估的基础上进行最终购买决策。Hoeffler 和 Keller（2003）还对产品相关营销活动所产生的评价差异化反应进行了综述性评论（见表 2-5）。由该表可以看出，品牌联想的各种类型都会影响消费者的产品评价、质量感知、购买频率和市场份额。

表 2-5 产品相关营销活动中的消费者差异化反应

消费者反应	品牌知识	研究者（年份）	差异化反应
新产品评价	公司品牌	Brown 和 Dacin（1997）	消费者的知识结构影响公司新产品的信念和态度
品牌购买评价	国家品牌	Day 和 Deutscher（1982）	消费者更倾向于购买全国性品牌
市场份额	品牌形象和地位	Smith 和 Basu（2002）	高地位的品牌具有更高的市场份额
品牌质量感知	品名、声誉	Dodds 等（1991）	在各种条件下品牌名称对消费者的质量感知具有正向效应
产品评价	品牌发音	Leclerc 等（1994）	品牌采用法国腔的读音时消费者会感知到更好的质量

续表

消费者反应	品牌知识	研究者（年份）	差异化反应
品牌质量感知	品名、声誉	Rao 和 Monroe（1989）	回顾了 34 个研究，发现品牌名和质量的关系存在显著效应
	品牌体验	Wernerfelt（1988）	消费者对新体验品牌的质量评价受到高知名品牌的体验质量的影响
品牌偏好和市场份额	独特性特点	Feinberg 等（1992）	随着独特性增加，消费者对品牌偏好以及品牌的市场份额也增加
消费者信心和购买意愿	品牌熟悉性	Laroche 等（1996）	消费者品牌的熟悉性影响其品牌态度、信心及其购买意愿
产品评价	先前的广告接触	Smith（1993）	广告能够减轻消费者的负面试用体验
	品名、声誉	Tse 和 Lee（2001）	强势的正面品牌形象可以抵消来源国的负面效应

资料来源：Hoeffler S.，Keller K. L.. The Marketing Advantages of Strong Brands [J]. Journal of Brand Management，2003（10）：421-445.

此外，由表 2-5 还可以看出，产品评价是消费者行为研究中的一个重要变量，国际重要营销学术期刊（*JM*、*JMR* 和 *JCR* 等）都发表了相关的研究论文。公司品牌及其联想是消费者所拥有的重要品牌知识，消费者对于公司的感知会影响消费者的产品态度，相关的理论实证研究也非常丰富。公司品牌对产品评价影响的理论研究主要体现在两个阶段：第一阶段是将消费者对公司的各类感知和看法视为为一个整体，即公司声誉，研究公司声誉和产品属性之间的关系；第二阶段研究公司品牌的不同类型联想（即维度）和产品评价之间的影响关系。接着在第二阶段又出现了最新的研究动向，即学者开始关注公司品牌对顾客产品评价的作用条件和边界，对相关研究进行了深化挖掘。

将公司视为整体而研究“声誉”与产品属性关系的文献在 20 世纪 90 年代早期较为丰富。Goldberg 和 Hartwick（1990）从广告传播的视角，研究了公司声誉对产品广告效果的影响。结果发现，当公司具有良好的声誉时，广告中强调的产品属性则更容易令消费者相信。Siomkos 和 Kurzbard（1994）通过研究产品受损时的危机管理，发现良好的公司声誉能降低消费者的产品风险感知，并且，即便公司出现产品受损方面的危机，也不会对消费者的未来购买意向产生较大的负面影响，甚至由于良好的公司声誉而会降低这种不利影响。因此，学者们从战略管理的视角，认为公司品牌是企业的“声誉资产”（reputation capital），这种声誉资产不但能给企业带来资产性利益，而且能在市场中有效构筑进入壁垒，是鼓励竞合的机制，并且成为给企业带来溢价（premium price）的机制。

关注公司品牌不同维度对产品评价具有不同影响的实证研究，是该研究领域具有质变的一大突破。尽管诸多研究考察了公司品牌对产品评价的影响程度，且其中绝大多数的研究结论认为消费者对公司的感知与产品态度呈正相关关系（如Keller and Aaker，1992；1993；等等），而Brown和Dacin（1997）发表在*JM*上关于公司品牌联想和消费者产品态度反应的论文，首次实证了公司品牌的结构维度，并发现不同维度对产品评价的影响具有差异。虽然此前学者对公司品牌已有所研究，而公司形象在营销中的研究尤其具有历史，然而，Brown和Dacin（1997）首次系统性地实证研究了公司品牌对消费者产品评价的影响，具有标志性意义。此后的诸多相关研究（Sen and Bhattacharya，2001；Gürhan-Canli and Batra，2004；Berens et al.，2005；Biehal and Sheinin，2007）都在此基础上进行拓展或者深化。

Brown和Dacin（1997）的研究具有两个突破性贡献：其一是首次实证了公司品牌存在两个稳定的结构维度；其二是发现公司品牌的不同维度对产品评价具有不同的影响作用。Brown和Dacin通过采用实证研究方法，认为公司品牌具有两个重要的联想维度，即公司能力和公司社会责任。公司能力是指企业制造产品和提供服务方面的专业化水准和程度。如果公司在同行业内拥有领先的相关技术，消费者对该公司的产品或服务则更具有信心。公司社会责任是指企业在重要社会性问题（如环境保护、社会捐助、慈善事业及社区建设等）上所表现的品德和行为。通常，公司社会责任与公司能力没有直接关系（Brown and Dacin，1997），但消费者关于公司社会责任和公司能力两个维度方面的联想，均对公司的产品评价产生重要影响，并且，两个维度对产品评价产生的影响并不相同，这也体现为Brown和Dacin（1997）研究成果的另一个重要突破。他们发现，公司能力方面的联想是通过对产品具体属性的感知和公司整体性评价来影响产品评价，而公司社会责任方面的联想则仅仅是通过公司整体性评价来影响产品评价。也就是说，消费者关于公司能力方面的联想不仅能直接影响产品评价，而且能通过影响消费者对公司的整体评价而影响产品评价，但公司社会责任联想主要是影响消费者对公司的整体性感知。通过实验法，Brown和Dacin（1997）发现，公司能力比公司社会责任对消费者的产品评价影响更大，这一结论与Keller和

Aaker（1994）的研究发现一致。并且，Brown 和 Dacin（1997）还发现，消费者对公司能力相关的联想，对于公司推出新产品较有帮助，而公司社会责任联想主要是增加消费者对公司的喜好或信任，但无法显著促进新产品购买。

Brown 和 Dacin（1997）的突破性研究不但首次系统性验证了公司品牌的维度及其和产品评价之间的关系，使该论文本身具有标志性意义。尤其重要的是，公司品牌不同维度对产品评价具有不同作用的研究结论，为后来的相关研究提供了重要的启示性作用，即学者们开始关注到公司品牌维度的作用条件和边界。也就是说，公司品牌的不同维度在什么时候、什么条件下对产品评价具有怎样的作用？对这个问题的回答，吸引了一批学者进行研究。因此，Brown 和 Dacin（1997）的研究成果在公司品牌和产品评价相互关系的研究领域具有承上启下的理论价值和学术贡献。

三、公司品牌影响产品评价的条件和边界研究

在 Brown 和 Dacin（1997）系统地进行了公司品牌维度及其对产品评价的实证研究之后，Brown（1998）随后提出了公司品牌联想前置因素、后向结果及调节变量（moderators）三者之间关系的研究框架，并对这三类变量进行了提炼归类。其中尤其具有方向性和指引性意义和作用的是 Brown（1998）将公司品牌和产品评价之间的调节因素分为三类：消费者个体因素（如品类涉入度、公司知识和产品知识等）、公司因素（多元化、品牌战略和定位战略等）以及产品因素（产品类型和产品差异化程度等），从而指出了公司品牌对产品评价可能存在的作用条件，为相关的实证研究指出了方向。

（一）公司品牌社会责任维度的中介变量和调节变量

公司品牌社会责任维度的作用条件和作用机制。由于诸多调研结论表明了公司社会责任对消费者行为有正向效应，因此，越来越多的公司变得更加关注社会责任相关的活动，如企业捐助、公益营销、社会义务用工和保护环境等。世界500 强企业中，有超过 80%的公司在其网站报道和宣传了公司社会责任的相关事项。因此，公司社会责任不但在营销实践中逐渐得到重视，而且在理论研究中也日益受到关注。然而，尽管许多研究已经实证了公司社会责任和消费者产品评价之间的正向关系（Brown and Dacin，1997；Creyer and Ross，1996；等等），但第一个系统地关注公司社会责任对消费者产品评价和购买意向作用条件的研究，是

Sen 和 Bhattacharya（2001）发表在国际顶级营销学术期刊 *JMR* 上的论文《行善一定有善报吗？基于公司社会责任的消费者反应》（*Does Doing Good Always Lead to Doing Better? Consumer Reactions to Corporate Social Responsibility*）。该研究发现公司社会责任高低对消费者的产品评价具有显著影响，并证实了公司社会责任与消费者购买意向之间的关系受到消费者个人特征、消费者对公司社会责任与公司能力的信任程度、消费者对公司社会责任行为的支持程度等变量的中介和调节作用。Sen 和 Bhattacharya（2001）认为，按照消费者对公司社会责任行为与公司能力的信任程度，可以把消费者分为两大类：高信任（High CSR–CA Beliefs）的消费者和低信任（Low CSR–CA Beliefs）的消费者；按照消费者对公司承担社会责任行为的支持程度，可分为高支持（High CSR–support）的消费者和低支持（Low CSR–support）的消费者两类消费者。他们的研究发现，当消费者购买低质量产品时，高信任的消费者倾向于购买积极承担社会责任的公司的产品，而不愿意购买不承担社会责任的公司的产品。同时他们的研究还发现，对公司社会责任行为支持程度不同的消费者，面对不同商品质量时表现出不同的购买意向。可以看出，Sen 和 Bhattacharya（2001）不但研究了公司品牌社会责任维度和产品评价及购买意向之间的关系，更重要的是，他们系统地关注了公司品牌和产品评价之间关系的作用边界和作用条件（见图 2–3），也就是消费者对自身特征和公司特征之间一致性的感知（中介变量）、对公司社会责任活动和行为的支持程度（调节变量）、对公司社会责任行为与公司能力的信任程度（调节变量）。

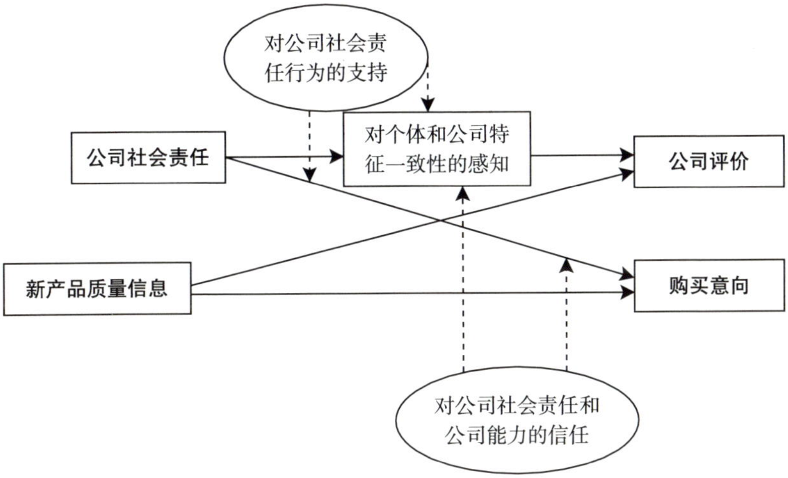

图 2–3 Sen 和 Bhattacharya（2001）提出的研究框架

Sen 和 Bhattacharya（2001）的研究结论具有重要的营销启示作用，为公司的社会责任营销及其活动提供了详细具体的指导，并对公司社会责任活动的广告传播具有参考价值，从而使公司社会责任活动以最合适的成本投入，达到最佳的影响效果。

（二）风险感知在公司品牌影响产品评价中的调节作用

Gürhan-Canli 和 Batra（2004）在 Brown 和 Dacin（1997）研究成果的基础上，通过引入消费者风险感知（perceived risk）作为调节变量，研究了公司品牌的创新性（innovation）、信赖度（trustworthiness）和公司社会责任（CSR）三个维度对产品评价的影响，不但识别了公司品牌影响产品评价中新的边界条件，而且拓展了 Brown 和 Dacin（1997）的研究发现。

该研究表明，对风险的感知水平是消费行为中关键的影响因素。随着消极结果的可能出现，或者不确定性因素增加，人们对风险的感知水平会增加（Gürhan-Canli and Batra，2004）。当风险感知增加后，消费者通常采用各种不同形式的应对策略或措施，以降低和减少风险，如再仔细考虑其他替代产品或者进行产品试用等。此外，在更高风险感知情境下，消费者会更加倾向于依赖多种信息源进行甄别，比如其他顾客的口碑、广告及人际关系信息等。因此，根据 Feldman 和 Lynch（1988）的可获得性—可诊断性理论（accessibility-diagnosticity framework），Gürhan-Canli 和 Batra（2004）认为消费者在较高风险感知条件下进行产品评价时，会认为公司品牌的某些信息更具有可诊断性。Gürhan-Canli 和 Batra（2004）随后通过两个实验证实，在产品购买中，当消费者风险感知较高时，公司品牌创新性和信赖度方面的联想对消费者的产品评价影响更大（而不是社会责任方面的联想）。

Gürhan-Canli 和 Batra（2004）的研究结论具有重要的理论意义和实践价值。理论方面，该研究扩展和深化了 Brown 和 Dacin（1997）的工作，通过实证的方法验证了风险感知（perceived risk）作为调节变量的作用，发现了公司品牌影响消费者产品评价的作用条件和边界。也就是当消费者对产品失效或服务失败的风险感知更大时，会更加倾向于寻求公司品牌中某些维度的诊断性信息进行判断和甄别。因此，这一理论突破还表现出重要的实践价值，由于公司品牌对产品评价的影响具有作用条件，而且公司品牌不同维度所产生的影响也不均衡，这令企业在创建和传播公司品牌时必须考虑有所侧重，必须考虑公司品牌的作用边界等。

Gürhan-Canli 和 Batra（2004）的研究结果表明，当产品品类具有更高的风险属性时（如药品类、科技类等产品），应致力于公司品牌创新性和信赖度方面的创建，从而更加有利于消费者对公司产品的正面评价和积极购买。

（三）公司品牌显著度在公司品牌影响产品评价中的调节作用

Berens 等（2005）在 Brown 和 Dacin（1997）、Sen 和 Bhattacharya（2001）、Gürhan-Canli 和 Batra（2004）等标志性重要成果的基础上，从公司品牌战略（corporate branding strategy）的视角，通过引入公司品牌显著度（Corporate Brand Dominance，CBD）作为调节变量，实证了公司品牌和产品评价之间的关系。

公司品牌战略是营销实践的重要战略性选择，不但在品牌传播中举足轻重，而且对消费者的产品评价影响深远。诸多研究（Laforet and Saunders，1994；Olins，1989）表明，对于某一特定产品而言，有三种典型品牌战略：①独立的产品品牌；②只标注公司品牌（单一品牌）；③双重品牌，也称为"背书"品牌，即前两者的结合。如宝洁公司采用了第一种品牌战略，拥有众多独立的产品品牌，飞利浦公司则采用了第二种品牌战略，所有产品上只标注公司品牌"Philips"，而雀巢公司对其大多数产品上采用了"背书"品牌战略，以强调和凸显其公司品牌。那么，不同的公司品牌战略在公司品牌和消费者产品评价之间扮演什么样的角色以及有何影响作用呢？Berens、Riel 和 Bruggen（2005）在研究中主要回答了这个问题。

根据产品在营销实践中可采取的上述三种不同品牌战略，Berens 等（2005）提出了公司品牌显著度的概念，它是指与产品传播中的子品牌相较而言，公司品牌突出性和可见性的程度。当公司采用单一品牌战略时，公司品牌显著度则较高（如飞利浦）；当公司实施"背书"品牌战略时，公司品牌显著度则较低（如雀巢）。Biehal 和 Sheinin（2007）的研究表明，当公司品牌显著度较高时，其能力维度和社会责任维度对产品评价的影响尤其明显。Berens 等（2005）根据这些研究结论及 Feldman 和 Lynch（1988）的可获得性—可诊断性理论（accessibility-diagnosticity framework），分别研究了 CBD 和匹配性（fit）对公司品牌影响产品评价的调节作用，以及 CBD 和介入度（involvement）对公司品牌影响产品评价的调节作用。

Berens 等（2005）的实证研究发现：①公司品牌战略对公司品牌和产品评价之间的关系具有影响。②当公司采用单一品牌战略时（公司品牌在产品上清晰可见），无论产品的匹配性及消费者的介入度高低，公司品牌的能力联想对产品评价具有强烈影响，而公司品牌的社会责任联想没有显著性影响。在 CBD 较高时，公司能力不受介入度的调节作用，作者的解释是公司能力联想对于产品评价而言已经具有较高的“诊断性价值”（diagnostic value），因此消费者不会再受介入度影响。在 CBD 较高的情况下，“天花板效应”（ceiling effect）可以用来解释公司能力不受匹配性调节的影响，因为这种情况下，消费者对匹配性感知的平均水平已经较高（研究中采用李克特 7 分量表，均值是 5.45），因此，公司能力的可诊断性就不会变化太大。③当公司实施“背书”品牌战略时（不能在产品上清晰地看见公司品牌），公司能力维度对产品评价的影响则受介入度的正向调节，而公司社会责任维度对产品评价的影响，则受介入度的反向调节和匹配性的正向调节。

Berens 等（2005）的研究结论具有重要的理论价值和实践意义。其理论贡献在于将公司品牌战略纳入公司品牌和产品评价的关系框架之中，并通过规范的实证研究，证明了公司品牌战略是公司品牌能力维度和社会责任维度是影响消费者产品评价机制中重要的决定因素。该研究发现对于公司品牌在产品中的传播具有重要营销实践意义，显然，如果想充分利用公司能力方面的联想，发挥公司能力对产品评价的积极作用，则采用单一品牌战略会更加有效。当属于高介入度品类时，采用“背书”战略则较为明智。如果想充分发挥公司社会责任联想的作用，“背书”品牌战略就更为有效，尤其当产品与公司品牌匹配性较好而产品介入度又较低时效果最佳。

（四）公司品牌信息对产品组合评价的影响

Biehal 和 Sheinin（2007）通过研究公司品牌信息和产品组合之间的影响关系，将此前公司品牌对单一产品评价影响的研究进行了延伸和拓展。他们认为，此前公司品牌对产品特征的影响（Brown and Dacin，1997）、对产品价格感知的影响（Creyer and Ross，1996）、对产品价值和评价感知的影响（Goldberg and Hartwick，1990）、对品牌信念和态度的影响、对产品购买意向的影响（Sen and Bhattacharya，2001）以及对产品选择的影响（Creyer and Ross，1996）等相关研究，主要是研究单一产品（single product）情境的效果，而没有讨论公司产品组合（product portfolio）情境下对产品评价的影响。在现实的营销实践中，许多跨国公司都是面向目标客户提供多样化的产品组合，如丰田、3M 和杜邦等，那么在此情境下，公司品牌在产品组合中的影响效果如何？是否与对单一产品的影响效果相同?

Biehal 和 Sheinin（2007）在可获得性—可诊断性理论框架（Feldman and Lynch，1988）的基础上，通过实验研究的方法回答了上述问题。他们在研究一中，对产品组合情境进行产品评价分析，结果发现：①公司品牌信息比产品信息的影响更为广泛和深远。②对于评价产品组合中的目标产品，产品信息比公司信息更具有诊断性；而若是评价产品组合中目标产品之外的产品，则公司信息比产品信息更富有诊断性。③公司能力信息比公司社会责任信息更具有诊断性，从而导致了更高的产品信念和更为积极的产品态度。Biehal 和 Sheinin（2007）认为研究一的发现具有两点重要意义：①实证了该领域中开创性研究成果，即 Brown 和 Dacin（1997）的结论发现也适用于产品组合的情境，这进一步拓展和延伸了公司品牌对产品评价影响的研究。②深化了 Feldman 和 Lynch（1988）可获得性—可诊断性理论的应用。该研究发现说明，在消费者同时拥有多个信息源时，一旦选择了最具诊断性的那条信息，则不会再使用其他具有潜在诊断价值和作用的信息。

在单一产品情境下，竞争性产品信息通常对消费者产品评价具有消极影响（Keller，1987；等等），因此，Biehal 和 Sheinin（2007）在研究二中以竞争性公司品牌信息为参照在产品组合情境下进行实证，结果发现：①只有当竞争性公司信息先于目标产品信息出现，两者定位并且相近时，竞争性公司品牌信息才更具有诊断性作用，而消费者不会使用目标公司品牌的相关信息。否则，目标公司品牌信息会起作用，而竞争性公司信息不会被用到。这进一步实证了可获得性—可诊断性的理论框架。②在产品组合情境下，竞争性公司品牌并不是唯一的非产品信息，并具有不同的诊断性价值。这不但拓宽了诊断性相关理论的视角，而且使研究更符合充满竞争性和复杂性的现实市场。③公司品牌对产品评价的影响受到产品类别的限制。竞争性公司品牌信息不会外溢到不相关的产品类别中，此时，对目标产品评价没有影响。这一实证发现与 Meyers-Levy 和 Tybout（1989）提出的层级类别（hierarchical categorization）理论结果一致：公司和产品分别属于不同层级，两个实体对产品评价具有影响的信息，通常在不同层级之间发生（如从公司到产品），而不会在同一层级水平之间发生（如从产品到产品）。

Biehal 和 Sheinin（2007）研究公司品牌信息对产品组合评价的影响具有重要的理论意义和实践价值。如上所述，该研究在理论上不但深化了 Feldman 和

Lynch（1988）可获得性—可诊断性框架的应用价值，而且对 Aaker 和 Joachimsthaler（2000）关于“公司信息对产品组合评价和判断具有诊断性价值”的论断提供了实证支持。在实践应用方面，该研究结论对公司品牌经理和产品经理均具有启示意义：对于品牌经理来说，关键是在公司能力和公司社会责任两方面信息之间进行选择，以对消费者产生影响。显然，如果目标在于通过形成产品信念提高产品组合的定位，则利用公司能力信息比公司社会责任信息更好。以宝马为例，由于该品牌所有产品均定位于高端性能，因此，公司品牌能力方面的信息对于产品组合非常有效，也许能起到抵消消费者品牌知识匮乏的作用。相反，如果目标在于维持产品组合定位，则公司品牌的社会责任信息会更加有效。此外，品牌经理还必须意识到，公司品牌不同维度对产品组合的评价影响也是不均衡的。对于产品经理而言，主要考虑的问题是，如何将公司品牌信息“转移”（transfer）到产品中。虽然产品经理在如何面向目标客户决定公司品牌信息方面没有话语权，但 Biehal 和 Sheinin（2007）建议产品经理在能对公司信息“转移”产生影响的三个重要因素方面予以考虑：产品差异化程度、产品信息的先后顺序和具有产品信息的公司品牌提示性线索。因此，在营销实践中，建立品牌经理和产品经理高效配合的沟通合作机制非常重要。品牌经理必须对产品组合有很好的理解，清楚不同产品的角色和定位。产品经理则必须理解基于消费者的公司品牌资产，尤其要懂得公司品牌及其信息如何影响消费者的产品判断和产品评价。

通过本节有关公司品牌概念、测量及其对产品评价影响的文献回顾可以发现：①公司品牌不同于产品品牌，它具有丰富的特定内涵，并在营销实践和理论研究中越来越受到重视。②公司品牌具有稳定的结构维度。在公司品牌维度的诸多实证研究中，研究结论虽然有所差异，然而，公司能力和公司社会责任一直是公司品牌中两个稳定的维度结构。③公司品牌在整体上对产品评价具有正向影响，并且，公司品牌的不同维度对产品评价的影响作用并不均衡。④公司品牌不但影响消费者的产品评价，而且存在一定的作用条件和边界。这些丰富的研究发现为公司品牌的创建和传播实践提供了重要的理论指导。

公司品牌对产品评价和购买意向的作用条件和边界是最新的研究热点和趋势，其意义主要表现为两方面：①从理论研究的角度来看，对公司品牌作用条件和边界的不断挖掘和发现，进一步拓展和细化了对概念模型中调节变量和中介变量的研究，从而在理论上探寻公司品牌的作用条件和作用机制。②从营销实践的角度而言，了解公司品牌的作用条件和机制，将减少和避免营销实践中创建和传播公司品牌可能存在的盲目性，从而使营销者根据具体的目标（如提高公司能力感知或公司社会责任感知），有针对性地根据具体情况（如产品品类特点、顾客风险感知程度等）实施不同的公司品牌战略。

然而，综观当前公司品牌影响产品评价作用条件的研究，主要是基于营销学的视角，从消费者个体因素（如品类涉入度、公司知识、产品知识和风险感知等）、公司因素（多元化、品牌战略和定位战略等）以及产品因素（产品类型、产品差异化程度和产品组合状况等）等方面试图进行研究。可见，公司品牌影响产品评价和购买意向的跨学科作用条件和边界研究还不丰富。本书第一章中提出的万科“捐款门”和“封杀”王老吉现象，是一个典型的“殃及池鱼”和“爱屋及乌”社会事件，在万科和王老吉两家公司产品未发生任何变化的情况下，消费者为何会出现“殃及池鱼”和“爱屋及乌”两种截然相反的反应呢？很多西方营销学者发现，对公司认同感（company identification）较强的消费者，对该公司的产品评价和购买该公司产品或服务的可能性都会较高，对公司较为忠诚（Bhattacharya，Rao and Glynn，1995），并且，消费者的公司认同感对口碑行为也存在积极的影响效应（Bhattacharya and Sen，2003），消费者对公司的认同是企业获得竞争优势的源泉。因此，从社会学和心理学的视角来看，通过引入社会认同理论和公司认同概念，也许将拓展和创新公司品牌影响产品评价和购买意向的作用条件和边界研究，从而从理论上解答万科和王老吉出现“殃及池鱼”和“爱屋及乌”两种截然相反的现象。故此，下一节将对社会认同理论和顾客公司认同概念进行述评。

第三节 社会认同理论与公司认同

一、社会认同理论

认同的概念最早源于社会心理学和组织行为学的研究领域，已有研究认为认同能满足个人对社会身份表达的需要，同时反过来对社群或组织成员的忠诚度具有正向影响（Mael and Ashfoth，1992）。在心理学文献中，认同是指一种特定的情感联系。“认同”一词源于拉丁语“idem”，意为“相同的事物”，“认同”的英文概念本意就是“身份”（identity）。赵志裕、温静和谭俭邦（2005）指出，identity的动词为identify，identify有两重意义：其首义为鉴别、辨认，也就是把某人或某物从众多人或物中辨认出来。社会认同理论采纳了这个词义，把identity定义为可以将个人与他人分辨开来的个人和社会特征。在社会认同理论中，人们建构身份，目的是要把自己和其他人分辨开来。例如，当某人认为自己是一个喜爱闲适的人（个人身份）时，他便把自己和不向往这种生活方式的人区分开来。不论是个人身份还是社会身份，它们都是人们为了从众人中把自己辨认出来而建立的身份。个人身份利用个性把自己辨认出来，而社会身份则利用群体特性把自己和他人分开。Identify的第二层含义是等同。在逻辑学上，假如A和B是相同关系（identity relation），则A就是B，B就是A，两者没有任何差异。在社会认同论中，当人们采纳了某社群的成员资格来建立自己的社会身份时，自己的属性与该社群内的典型成员属性或会呈现相同关系。例如，当某人认同自己是中国人时，他便觉得自己拥有一个典型中国人的态度、价值观和性格特征。社会身份能够令人们将社群特性冠于己身，其对社会行为的影响远比个人身份深远。因此，社会认同理论特别关注社会身份的建构过程及其对社会思维和社会行动造成的影响（赵志裕等，2005）。

社会认同理论（social identification theories）是受一系列社会身份理论（social identity theory）（Tajfel，1982；Tajfel and Turner，1985）启发而建立的理论。这些理论尽管侧重有所不同，但却存在一个共同的特点：即社会行为不能单从个人心理素质层面来解释；要较全面地理解社会行为，必须研究人们如何建构自己和他人的身份（Ng et al.，2004）。社会认同理论认为：人们会用自己或他人在某些社群的成员资格（group membership）来建构自己或他人的身份。依据个人的独特素质而建构的身份被称为个人身份（personal identity），而依据社群成员资格来建构的身份被称为社会身份（social identity）。个人身份包括个体所具有的独特特征，如能力和兴趣等，而社会身份则包括独特的分类群体，如根据人口特征、性别、种族的分类等，这些社会群体包括俱乐部、教育或文化机构等。Tajfel和Turner（1985）认为，分类便于人们对社会环境进行秩序划分，并帮助自己和他人在这些社会分类中对号入座。Tajfel和Turner（1985）区分了个体认同与社会认同，认为个体认同是指对个人的认同作用，或是通常说明个体具体特点的自我描述，是个人特有的自我参照；社会认同则是指社会的认同作用，或是由一个社会类别全体成员得出的自我描述。Tajfel（1978）将社会认同定义为："个体认识到他（或她）属于特定的社会群体，同时也认识到作为群体成员带给他的情感和价值意义。"可见，社会认同源于群体成员身份，人们总是争取积极的社会认同，而这种积极的社会认同是通过在内群体和相关的外群体的比较中获得的。如果没有获得满意的社会认同，个体就会离开他们的群体或想办法实现积极区分。Tajfel 和 Turner（1985）认为有三组变量会影响群体间区分：①人们必须主观上认同他们的内群体；②情景允许评价性群体间比较；③外群体必须是可以充分比较的。

（一）社会认同理论的背景

了解社会认同理论形成的背景，有助于更好地理解社会认同理论的内涵。张莹瑞和佐斌（2006）在《心理科学进展》杂志上对社会认同理论及其发展进行了综述。他们认为社会认同理论产生的背景主要分为三类：①种族中心主义（ethnocentrism）；②现实冲突理论；③群体间偏见的最小条件。

1. 种族中心主义

社会认同理论产生于解释群体间行为的种族中心主义。种族中心主义是指内群偏好（in-group favoritism）和外群歧视（out-group derogation），群体内行为和群体间行为表现出显著的种族中心主义特征（艾森克，2000），它往往视自己所属的"族群"（group）为一切事物的中心（即内群体偏好），而其他事物的评价或度量则必须参照该中心（即外群体歧视）。也就是说，每个族群对所属群体的感觉是优人一等的，具有炫耀性的神圣，而对外群体则带有轻视性态度（Sumner，1906）。种族中心主义是一种普遍现象，深植于与族群相关（group-related）的领域（Lewis，1976）。至于种族中心主义如何产生这种作用，学者们（William and Catton，1960；Mihalyi，1984；等等）认为它是通过"援助"（helping）行为来确保本族群及其文化的延续，通过不断强化该族群的团结、一致、合作和忠诚来发挥作用。有学者认为种族中心主义更具体的特性还包括：族群认同；以本群体的经济、政治和社会偏好认知事物；视本族群为中心，且优于其他族群；对其他族群产生怀疑、不屑一顾；认为本族群优越、强大、诚实，而其他族群卑微、软弱和虚伪等。

王海忠（2002）在进行消费者民族中心主义（ethnocentrism）[①] 的中国实证研究时，也借鉴了社会心理学领域种族中心主义的逻辑理论，即种族中心主义在消费者行为中的体现。他将种族中心主义的社会性表现移植到消费者行为中，认为由于消费者民族中心主义倾向会对自己的消费行为产生的影响包括：消费者会对国产货产生过高评价，而对进口货形成过低评价；消费者会产生购买国产货的道德责任感；消费者最终形成对国产货的偏好。王海忠认为消费者民族中心主义的特点具体体现在三个方面：一是它产生于对自己国家的热爱和关心，因为害怕进口货给自己及其同胞带来损害而失去经济利益；二是它包含不购买外国产品的倾向或意愿，因为对于高度民族中心主义消费者而言，购买外国货不只是一个经济问题，更是一个道德问题；三是它反映了个人对进口货的偏见程度，因此消费者个体层次的行为，被视为消费者的个性特质。实际上，美国学者 Shimp 和 Sharma（1987）较早开始研究消费者民族中心主义的概念及其内涵，并提出了一套消费者民族中心主义倾向量表（Consumer Ethnocentrism Tendency Scale，CETSCALE），用于测量消费者的民族中心主义倾向性，指标值越大，说明消费者表现出对国产货的正面态度和购买行动的可能性越大。他们认为消费者种族中心主义是种族中心主义在经济生活中的独特形式，属于消费者行为研究范畴的一个概念，具有深刻的营销内涵。具体来说，消费者种族中心主义是指当消费者面临国产货和外来货的心理决策时，产生的一种对本民族产品的自然认同和由衷偏爱，对外民族产品的自然抗拒和偏见。由此可见，种族中心主义的行为表现无处不在，其现象和行为不但发生在人们的日常生活中，而且体现在作为消费者进行的产品评价和购买决策之中。

2. 现实冲突理论

Sherif（1961）提出了现实冲突理论（Realistic Conflict Theory）用以解释社会认同现象。他认为，群体之间的态度和行为反映了一个群体和其他群体之间的客观利益。如果群体目标不一致，一个群体以其他群体的利益为代价而获得自己的目标，就会出现竞争，因此，群体间就倾向于有歧视的态度和相互的敌意。另外，如果群体目标是一致的，所有群体都朝同一目标努力，那么他们彼此之间更易于建立共同的、友好的、合作的关系。Sherif 之所以提出现实冲突理论来诠释

---

① “ethnocentrism”通行的翻译有两种，即“种族中心主义”和“民族中心主义”，其内涵一致。

社会认同现象，是因为他在1961年进行过一个有名的儿童夏令营实地实验。在研究中，Sherif（1961）将来自各地互相独立不认识的儿童，在到达夏令营之后就分为“响尾蛇”与“老鹰”两组，刚开始只是从事小组内的活动，例如爬山；后来当两组从事竞争性质的活动，如球类比赛，两组成员的冲突与对立与日俱增。接着提供有限资源的竞争，如水资源，此时两组成员已变得相互敌对，成员对自己的小组表现高度的认同与向心力，而对另一组的成员表现出仇视的态度与行为。Sherif（1961）提出的现实冲突理论在一定程度上解释了社会认同现象，说明了当群体之间面临现实的冲突或竞争时，同一群体之间很容易自发地进行合作，共同以敌对、仇视的态度和行为对付另一群体。

3. *群体间偏见的最小条件*

事实上，仅有现实冲突还不足以解释群体间的行为，Tajfel后来的研究对现实冲突理论进行了很好的补充。Tajfel（1970）和Tajfel等（1971）采用了最简群体实验范式（Minimal-Group Paradigm），创造了一个微型的“群体世界”，使实验者可以深入地观察群体的运作方式。他先请被试对一张卡片进行点估计的作业，并以此为理由随机将被试分为两组：高估组与低估组。接着要求被试进行资源分配的工作。结果显示，这些被试虽然与同组成员互不认识而且从没有谋面和实际互动，但还是分配给自己所在组别成员较多的资源。Tajfel的实验具有以下特点：①群体成员间不曾有真的面对面互动；②没有群体内的结构；③群体间没有任何过去与文化。研究结果显示，当被试单纯地知觉到分类时，就会分给自己的群体更多的资源和正向的评价。这种认知上的分类，会让我们主观上知觉到自己与他人共属，而产生一种认同感，这样的认同所引发的给内群体较多资源以及正向的评价的现象称为“内群体偏向”；对外群体成员则分配较少资源并给予负向的评价这种现象称为“外群体歧视”。最简群体实验研究结果显示，对群体成员身份的意识是产生群体行为的最低条件。即使是把人分配到一个简单、无意义的类别中去，也足以产生群体取向的知觉和行为。

综上所述，社会认同理论认为个体通过社会分类，对自己的群体产生认同，并产生内群体偏好和外群体偏见。个体通过实现或维持积极的社会认同来提高自尊，积极的自尊来源于在内群体与相关的外群体之间的有利比较。当社会认同受到威胁时，个体会采用各种不同策略来提高自尊。个体过分热衷于自己的群体，认为自己的群体比其他群体好，并在寻求积极的社会认同和自尊中体会团体间差异，就容易引起群体间偏见和群体间冲突。

（二）社会认同的动机

每个人都拥有多个社群的成员资格，却只会使用其中一部分来建立自己和他人的社会身份。对于人们在选择以某些社群成员资格建立社会身份有何心理动机时，赵志裕、温静和谭俭邦（2005）根据既有的相关研究，将社会认同的心理动机主要归纳为三个方面：①提高自尊；②降低无常感或提高认知安全感；③满足归属感与个性的需求。

1. 提高自尊

Tajfel（1982）、Tajfel 和 Turner（1986）在社会身份理论中提出了一个对社会认同研究影响深远的假设：人们建立社会身份，是为了通过所认同的社群提高自尊。Gioia（1998）认为表达某一特定内群体和外群体的过程，即达到了提高自尊的作用。具体来说，人们是通过类化（categorization）、认同（identification）和比较（comparison）三个基本历程，来提高自己的身价和自尊的。赵志裕、温静和谭俭邦（2005）还根据 Tajfel（1982，1986）的假设得到了三条推论：推论一：社会认同与社会比较有非常密切的关系，人们会评价和比较各社群的优劣、社会地位和声誉，争取把自己编入较优越的社群，并觉得自己拥有该社群一般成员具有的良好特征。推论二：当人们认同的社会身份受到攻击或威胁时，人们会在思维或行动上捍卫该社群的声誉；他们或在思想上肯定该社群成员共有的特征和价值，或以具体行动还击。推论三：当弱势社群成员感觉到所属社群在声望和权势上都比不上其他社群时，为了维护自尊，会采用多种应对方法，其中包括模仿强势社群以图自强，辨认一些所属社群比强势社群优胜的地方，或离弃所属社群，改为认同强势社群。Tajfel 和 Turner（1986）后来进一步阐述了社会认同理论在提高自尊动机方面的内涵：①人们追求正面、积极的社会形象；②当内群体优越于外群体时，能产生肯定的自我身份认同；③当现有社会身份魅力丧失时，个体将弃离现有社群而寻找新的社会群体。

2. 降低无常感或提高认知安全感

人们除了希望通过社会认同提高自尊外，也希望通过它降低在社会生活中的无常感。社会认同让人们觉得自己清楚自己是谁、自己和自己认同的社群的成员有哪些特征、其他人或社群又有哪些特征。有了这些知识，人们便感到可以在社会生活中通过各人的社会身份预测各人的行为，并懂得如何与这些人交往。因此，社会认同可以降低在社会生活中的无常感，赋予人们一种在社会认知上的安全感（epistemic security）。赵志裕等（2005）还由此推出两条有关社会认同的原理：其一，不是所有的社群成员资格均能降低社会生活中的无常感。有些社群有较清晰的行为规范，而且社群成员拥有相同的特征，识别出某人属于该社群，便可预测他的行为和特征。同样，在认同该社群后，自己也知道要遵守哪些规范，知道别人对自己有什么期待。这个类型的社群成员资格较能产生降低社会生活中的无常感的作用。反之，一些规范模糊、成员混杂的社群，其成员资格就很难提高成员的社会认知的安全感。因此，当人们需要通过社会认同来降低社会生活中的无常感时，更倾向于认同规范清晰、成员组成单纯的社群。其二，认同规范清晰、成员组成单纯的社群倾向的强弱会因人因时而异。有些人较能接受或容忍社会生活中的无常感，而有些人只能过着很有秩序和条理的生活。与前者相比，后一类型的人倾向于认同规范清晰、成员组成单纯的社群。

3. 满足归属感与个性的需要

在社会生活中，人们一方面希望保存个性，另一方面又想通过依附群体取得归属感。当人们认同一个社群时，会觉得自己属于该社群。社群的成员越多，便觉得同道的人越多，归属感也越强。赵志裕等（2005）由此推出两条原理：其一，当满足归属感的需求越大，或保存个性的需求越小时，人们倾向于认同能容纳较多成员的社群。反之，当保存个性的需求越大，或满足归属感的需求越小时，人们倾向于认同较排外或成员较少的社群（Brewer，1991）。其二，满足归属感的需要和保存个性的需要会因处境而改变。例如，当人们察觉到自己在性格和态度上与所认同的社群的其他成员颇为不同时，满足归属感的需要便会被激发。同样地，当人们察觉到自己在性格和态度上与一般人（包括自己不认同的社群的成员）没有明显分别时，保存独立性格的需要便会被激发。当满足归属感的需要和保存个性的需要被激发时，其相应的社会认同行动也会随即被启动。

（三）社会认同的过程

Tajfel（1982）认为，社会认同是由社会分类（social categorization）、社会比较（social comparison）和积极区分（positive distinctiveness）三个基本历程构成的，其中每一过程对社会认同的产生都起到了积极的作用。

1. 社会分类

在日常生活中，为了理解人或物，或者说为了理解物理环境和社会环境，我们会对其进行分类，或把它们纳入不同的范畴或类别，即社会的分类化。Tajfel（1963）通过实验证实了这种类别化的作用：当要求被试从不断变化的标为 A 的四根短线和标为 B 的四根长线中判断长度时，他们倾向于夸大 A 和 B 之间的差异。这种现象称为“加重效应”（accentuation effect）。加重效应同样表现在对社会刺激的知觉上。具体来说，在社会交往过程中，当某一类别的成员身份凸显时，人们会主动地在重要维度上夸大不同类别个体之间的差异，而将同一类别中个体的差异最小化。后来 Turner（1985）的“自我分类理论”（self-categorization theory）也进一步说明，人们确实会自动地将事物进行分类，并在将他人分类时会自动地区分内群和外群，从而对 Tajfel 的社会认同理论进行了补充。

此外，值得注意的是，社会分类是一个会随分类环境变通的历程，因此，社会身份不是一种固定的个人特质（Turner et al.，1987）。赵志裕等（2005）认为人们在某特定环境中会将自己归入某个社会类别，主要受三种因素影响：第一种因素是一些被统称为可获得性（accessibility，又译为易获取性）的个人因素。一个社会类别的可及性是指它在某一处境下是否容易从记忆中提取出来加以使用。可及性较高的社会类别，通常是人们惯用的类别，也是与人们的目标、利益、思考方式和生活经验有关的类别。例如对一位大学生来说，学习的专业有较高的可及性，因为它与学生的日常学习、事业目标和前程有密切关系。第二种因素是某类别是否能适当地描述在当时当地出现的人物的客观的群体对比。这种因素一般被称为对比适用度（comparative fit）。一个对比适用度高的社会类别，被采用的概率较高。如一群男子聚在一起，其中一些来自农村，一些来自城市，两类人群在衣着、仪表、谈吐、喜好上都有明显差异，用“城市人”和“农村人”这两种类别来描述在该处境中的客观群体对比似乎很适当。第三种因素是某类别能否适当地描述参与互动的人在行为期待上的不同。例如大学教授与学生聚会，两类人在年龄上有明显分别，符合了对比适用度的要求。在聚会中，教授要表现得有师道尊严，而学生则要表现得尊师重道。在这种情境下，“师生”这一类别能适当地描述社会对这两类人在互动中不同的行为期待。这一因素被称为规范切合度（normative fit）。一个规范切合度高的社会类别，被采用的机会也较高。由此可见，社会分类是一种常见现象，并且是一个动态的过程，因此，社会身份不是某一种固定的个人特质，而是会随着外部环境或自我需求的变化而变化。

2. 社会比较

比较是评价自己认同的社群相对于其他社群的优劣、地位和声誉。Festinger（1954）最早在社会心理学中提出了个体之间的“社会比较理论”，认为个体自身存在一种评价自己观点和能力的驱动力，如果不能获得比较“客观”的手段来评价自己的能力和观点时，就倾向于与他人进行比较来判断自己的能力与观点。在建构社会认同理论的过程中，Tajfel将比较过程从个体推向了群体。Tajfel认为，群体间的比较是群体成员获得认同的重要手段之一。十分自然的是，人们倾向于以积极的特征来标定内群体，同时用消极的特征来标定外群体。通过对内群体和外群体差别化的比较和评价，一个人的自我评估能够获得提升（enhancement）；反之，如果评估下来一个人的社会认同令其不满时，他就可能离开其所属群体，并另外“择木而栖”，或力图使隶属群体变得更好。张莹瑞和佐斌（2006）认为社会比较使社会分类过程的意义更加明显，同时促进积极区分的原则发生作用，而积极区分则满足了个体获得积极自尊的需要。

3. 积极区分

社会认同理论的一个重要假设就是，所有行为不论是在人际之间还是群体之间，都是由自我激励这一基本需要所激发的。社会认同理论认为，个体为了满足自尊的需要而突出某方面的特长，而在社会认同水平上的自我尊重是以群体成员关系为中介的。因此，在群体中个体自我激励的动机会使个体在群体比较的相关维度上表现得比其他成员更出色，这就是积极区分原则。然而，这种积极区分的结果显然并非都是积极的：从积极的角度而言，积极并成功地进行群体间的区分可以提高内群体成员的认同，并相应提高内群体成员的自尊；从消极的角度来说，在成功地进行群体间的区分之后，在内群体成员获得高自尊的同时，外群体成员势必面临降低自尊或自尊遭受威胁的处境，这样，群体间的偏见、敌意和冲突自然会相伴而生。因此，社会认同理论认为，个体过分热衷于自己的群体，认为它比其他群体好，并且从寻求积极的社会认同和自尊中体会群体间的差异，这样就容易引起群体间偏见、群体间冲突和敌意。

Tajfel和Turner（1986）根据社会身份论，提出建构社会身份的社会认同过程是由三个基本历程组成：类化（categorization）、认同（identification）和比较（comparison）。与上述概念相似，类化是指人们在分类的基础上将自己编入某一社群；认同是认为自己拥有该社群成员的普遍特征；比较是评价自己认同的社群相对于其他社群的优劣、地位和声誉。通过这三个历程，人们能达到提高自己身价和自尊的目的。

(四) 社会认同的影响

由 Tajfel 和 Turner（1986）的研究发现可知，类化、认同和比较是社会认同的三个重要历程，以下按这三个过程分析社会认同所产生的影响结果。

1. 类化的影响

赵志裕等（2005）认为，当人们把自己编进某社会类别后，便会把自己看成该类别的成员，而不是一个独立的个体。同样，人们把他人编进某社会类别后，便会把他看成该类别的成员，而容易忽略他与同一类别成员的不同之处。因此，经过类化后，人们容易夸大每一类别成员的相同之处，而忽视他们之间的不同之处（Turner et al.，1987）。由于多种社会因素，社会上对某些社群存在着刻板印象。当人们被编进这些社群时，其附随的刻板印象亦会被加在个体身上，这种现象被称为刻板印象化（stereotyping）。当人们自认为是某社群的成员时，亦会把伴随着身份的刻板印象加诸己身，这个过程被称为自我刻板印象化（self-stereotyping）（Simon and Hamilton，1994）。赵志裕等（2005）还以医生和患者为例对此进行了说明，当把医院的人归类为医生和患者后，人们看到的每位医生都与其他医生一样，从而忽略了这位医生与其他医生的不同之处。同样，当看到患者时，便把患者看成患者，而忽视了每个患者独有的背景和个人特征。这样，医生和患者两类人的差别便容易被夸大了。这种因类化而产生的社会认知现象，包括夸大类别内成员的相同性和类别间的差距，在社会认同理论中被称为后设对比（metacontrast）（Turner et al.，1987）。

2. 认同和比较的影响

赵志裕等（2005）认为，类化影响人们的社会认知，而认同和比较则直接影响人们的社会行动和社群关系。例如，在与患者接触时，医生越认同自己的专业，便越乐意恪守专业守则和规范，不让个人偏好和感情影响与患者间的关系。从这方面来说，社会认同对加强专业化和团体纪律能起很大作用。可是，社会认同也会损害人际间的和谐。研究显示：假如医生只把自己看成医生，把患者看成患者，而忽视了自己和患者的个人身份，在与患者交往时，便容易表现出不近人情，较难与患者建立良好的人际关系（Watson and Gallois，2004）。因此，社会认同论者认为，要建立和谐良好的专业关系（包括医患关系、师生关系、上下级关系），不能不重视社会认同，也不能只重视社会认同，而是要在认同社会身份和个人身份间取得平衡。比较是社会认同的一个重要历程。因为有比较，有些社群才得到正面评价，而有些得到负面评价。

社会认同的上述作用，对于顾客公司认同在公司品牌和产品评价之间的影响关系，具有重要的类比性和借鉴性，关于这点，将会在后面章节中进行分析。

二、认同理论在组织行为学领域的研究：组织认同

组织认同（Organizational Identification，OI）被视为个体和组织之间的一种心理和情感纽带，它是社会认同的一种特殊形态（Mael and Ashforth，1989）。Patchen（1970）最早将社会认同应用到组织研究中，并提出了“组织认同”这一概念。Mowday 等（1974）将组织认同视为组织承诺（organizational commitment）的一个要素。后来，不少学者将“组织认同”与“组织承诺”视为同义词。到 20 世纪 80 年代末，一些组织行为学和社会心理学等领域的学者重新发现“组织认同”是一个独立的概念。此后，诸多学者（如 O'Reilly and Chatman，1986；Mael and Ashforth，1992；Dutton et al.，1994；等等）先后进行了组织行为学领域中认同现象的实证研究。目前已有多数大量的综述研究分析和整理了一系列组织对个体水平的积极效应（如 Ashforth et al.，2008；He and Brown，2013），这些研究主要是以组织中的员工，或者教育机构的校友为研究对象。如 Mael 和 Ashfoth（1992）研究发现，当个人认同于组织时，他（她）会具有较强的组织归属感，感到自己同该组织之间具有极强的纽带关系，并根据组织的属性定义自己。他们还认为，当人们对于特定组织所持的信念在其定义自我形象的过程中发挥作用时，就会产生对该组织的认同感。这样，源于社会心理和组织行为的认同感，不但能满足社会身份和自我概念的需要，并且对组织成员忠诚度（Mael and Ashfoth，1992）、组织成员合作精神和公民行为（Bergami and Bagozzi，2000；Dukerich et al.，2002）具有正向影响效果。

（一）组织认同的概念

由于研究者往往结合自身的研究问题，从不同的视角对组织认同进行定义，因此理论界至今尚未对组织认同的定义形成一致意见从而达成共识。通过文献研究，对组织认同的定义主要是强调认知特性，或者情感特性，或者同时考虑认知特性和情感特性。表 2–6 归纳了引用率较高的几个组织认同的定义。尽管组织认

同定义不尽相同，但可以看出，这些定义具有两个共同特点：①组织认同强调的是自我（self-definition）与组织（organization）之间的一种联结或纽带关系；②组织认同是成员感知自己和组织共享某些属性的程度。

表 2-6 组织认同的定义

研究者（年份）	定义	视角
Patchen（1970）	①与组织合作的感觉；②支持组织的态度与行为；③与组织成员共享某些属性特征的感知	认知特性和情感特性
O'Reilly 和 Chatman（1986）	基于与认同目标保持情感满意的自我定义关系的吸引和期望	情感特性
Ashforth 和 Mael（1989）	个体成员与组织保持一致或属于组织的感知程度	认知特性
Dutton、Dukerich 和 Harquail（1994）	个体与组织之间的联结感程度	情感特性

资料来源：Riketta M.. Organizational Identification：A Meta-Analysis [J]. Journal of Vocational Behavior，2005（66）：358-384.

组织认同与组织承诺两个构念之间既有联系又有区别。宝贡敏和徐碧祥（2006）在对组织认同理论进行综述研究时，对这两个构念进行了分析。Mowday 等（1979）认为，组织承诺是个体认同并参与某一特定组织的相对强度。Allen 和 Meyer（1990）则将组织承诺区分为三种形式：情感承诺、持续承诺和规范承诺，其中情感承诺有些类似于 Mowday 等（1979）提出的定义。从定义上看，组织承诺与组织认同存在明显的重叠。因而，有些学者认为，组织认同与组织承诺是可以相互替代的。但更多的学者倾向于认为两者不同。例如，Ashforth 和 Mael（1989）认为，组织承诺是比组织认同范畴更广的概念，组织认同侧重于认知结构，而并不必然涉及特定的行为与情感因素。Riketta（2005）关于组织认同的元分析表明，组织认同与组织承诺的平均结果在统计上存在显著性差异：一方面，与组织承诺相比，组织认同与工作满意度相关性较低，而与工作参与的相关性较高，这表明组织认同与组织承诺存在结构上的差异；另一方面，组织认同和组织承诺两者在与工作行为与意图方面的相关性上存在差异，特别是组织认同与缺勤率和离职率的相关性弱于组织承诺，而与角色外绩效的相关性则强于组织承诺。

（二）组织认同的测量与维度

迄今为止，组织认同的测量方法及相应量表已非常成熟，其中最为著名和应用较为广泛的是 Mael 和 Ashforth（1992）的组织认同量表和 Chenney 的组织认同问卷（Organizational Identification Questionnaire，OIQ）。前者认为组织认同是单一维度的构念，他们开发的量表包括六个测项，如“当有人批评某组织时，该组织的成员感觉就像是自己受到了侮辱”；“我非常关心别人如何看待我们的组织”等。从该量表的测项可以发现，该量表涉及的内容主要是关于员工对组织的情感。该量表简单明了，而且信度比较高，信度系数达到 0.81，因而得到较为广泛的应用。Chenney（1983）以及 Barge 和 Schlueter（1988）设计的组织认同问卷，现已成为使用频率最高的组织认同量表。该量表共包括 25 项指标，内部信度系数达到 0.95。该问卷反映了 Patchen（1970）以及 Barge 和 Schlueter（1988）提出的组织认同的三个可识别维度：成员关系、忠诚感和相似性。与 Mael 和 Ashforth（1992）的量表相比，组织认同问卷包含更多的信息量，而且信度更高。

Bergami 和 Bagozzi（2000）基于被试对认知图形的选择，提出了一种更为简便的方法用以测量组织认同。如图 2-4 所示，该方法以两个圆圈分别代表个人和组织，两个圆圈之间的距离（由远而近，直至完全重合）代表个人特征与组织识别特征的重叠程度（认同程度）。距离越远，表示组织认同度越低（图 2-4 中 A 类认同度最低）；两个圆圈合二为一，代表完全认同（图 2-4 中 F 类认同度最高）。该测量方法操作简便，浅显易懂，在后来的实证研究中被反映优于此前的组织认同测量方法（如 Mael，1988；Mael and Ashforth，1992）。Bergami 和 Bagozzi（2000）图示法量表出来之后，得到了其他学者的普遍青睐和广泛运用

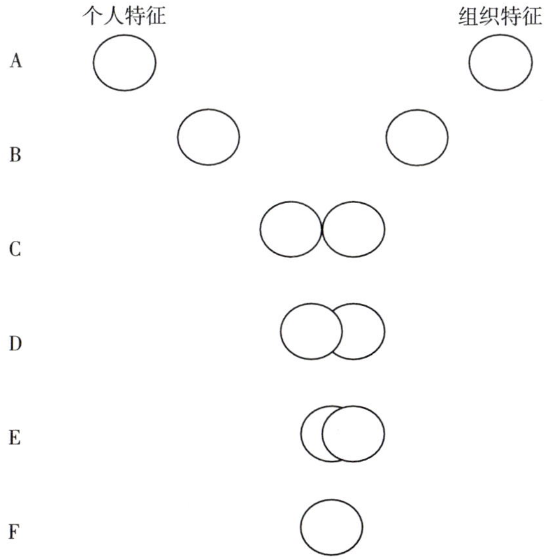

图 2-4 组织认同度测量方法

（如 Bartel，2001；Sen and Bhattacharya，2001；Dukerich et al.，2002）。后来，该测量组织认同的方法还被借鉴运用到了测量顾客对公司认同的研究之中（Ahearne et al.，2003）。

实证研究组织认同的结构维度是该领域的突破性进展，从而能进一步剖析和了解组织认同的内涵。宝贡敏和徐碧祥（2006）在对组织认同理论进行综述时指出，Dick 等（2004）在回顾和评论社会认同理论的基础上，借鉴了社会认同的维度区分方法，将组织认同区分为四个维度：认知、情感、评价和行为。其中认知维度指个体对特定组织的认知，情感维度是对组织的情感依赖，评价维度是内外部赋予组织的价值内涵，行为维度是关于组织选择何种行为的。Dick 等（2004）通过以下两种测量方法来获取数据：①采用指令表格子技术标准开发了一种经济工具；②出于对结构效度的考虑，根据因子分析和信度分析，选取 30 个问项来测量组织认同。由于组织认同是在社会认同的基础上发展起来的，宝贡敏和徐碧祥（2006）认为该分类方法有相当的合理性，而且两种测量方法对于确保获取数据的科学性具有一定的作用，但其行为维度与组织公民行为在内容上可能存在某种程度的重叠，从而对组织认同与组织公民行为相互关系测量的准确性产生影响。王彦斌（2004）在对处于转型期我国国有企业进行的实证分析中，借鉴阿尔德福的生存、交往和发展理论关于人的需要划分逻辑，将组织认同分为三个维度：生存性组织认同、归属性组织认同、成功性组织认同。生存性组织认同是组织成员觉得自己的生存必须依赖组织所提供的物质支持的组织认同心理；归属性认同是组织成员谋求具有组织成员资格的组织认同心理；成功性认同是组织成员力图通过组织生活来谋求自我增强和自我发展，在组织中看到自己的发展目标和价值观与组织具有一致性的组织认同心理。可见，组织认同的结构维度及方法测量在由西方学者主导研究的基础上，已开始在国内得到本土化关注。

宝贡敏和徐碧祥（2006）根据上述研究，将组织认同的维度概括为认知维度、情感维度和行为维度（见表 2-7），其中 Mael（1988）的组织情感对应于情感维度；Chenney（1983）的相似性可归入认知维度，成员关系归入情感维度，忠诚则可归入行为维度；Dick 等（2004）的认知和评价维度对应于认知维度、情感对应于情感维度、行为对应于行为维度；王彦斌（2004）的生存性组织认同属于认知维度，归属性认同属于情感维度，成功性组织认同属于行为维度。

表 2-7　组织认同维度归类

认知维度	情感维度	行为维度	举例
—	组织情感	—	Mael（1988）
相似性	成员关系	忠诚	Chenney（1983）
认知、评价	情感	行为	Dick 等（2004）
生存	归属	成功	王彦斌（2004）

资料来源：宝贡敏，徐碧祥. 组织认同理论研究述评［J］. 外国经济与管理，2006（1）：41.

（三）组织认同的前因变量

对影响成员组织认同的前因变量研究是该领域的研究重点。纵览相关的主要文献可以发现，组织认同的前因变量主要分为组织因素、个人因素和环境因素（宝贡敏和徐碧祥，2006）。

1. 组织因素

Ashforth 和 Mael（1989）经过实证研究提出了影响组织认同的四类组织因素：组织声誉、组织独特性、外组织的显著性及与组织形成相关的因素（人际作用、相似性、喜爱、邻近性、共享目标及共同的历史等）。在此基础上，学者们先后不断拓展组织认同的其他组织影响因素，如上级的支持、变革型领导、组织公平、职业进步的机会及实现等，并通过实证研究分别验证了上述组织因素与组织认同的关系。

Mael 和 Ashforth（1992）、Dukerich 等（2002）的实证研究表明，组织声誉是影响组织认同的决定因素之一。正面的组织声誉与成员的认同相关而可以防止成员对企业产生不认同感，负面的组织声誉则会使成员为了维持积极的自我感而与组织疏离。

Dutton 等（1994）从组织形象与组织认同关系出发，从理论上提出一个组织形象影响员工组织认同的模型，认为越具有吸引力的组织识别特征就越能够满足成员自我强化（self-enhancement）、自我区别（self-distinctiveness）与自我延续（self-continuity）的需求，并且组织成员对组织的认同感就越强。Dukerich 等（2002）在 Dutton 等（1994）模型的基础上进行的实证研究结果表明：组织认同认知和组织外部形象的吸引力对员工的组织认同产生显著影响。Smidts 等（2001）不仅对员工的外部声誉认知与组织认同的关系进行了验证（$\beta=0.65$，$P<0.001$），并发现高声誉组织中外部声誉认知对于组织认同的贡献更为显著。

Schrodt（2002）研究了组织文化的六个维度与组织认同的关系，证明组织文化的“团队合作”、“道德”、“信息流”、“参与”、“监督”、“会议”六个维度与组织认同的相关关系，结果发现这六个维度与组织认同显著相关，其中员工感知道德，即员工关于组织如何对待成员的感知对组织认同产生显著影响（$\beta=0.748$，$P<0.001$）。

Morgan（2004）在对一家农业企业员工进行调查后发现，组织通过财务、社会、职业或个人的支持来表现自己对组织成员的关心，并且促进组织成员对组织的认同；组织氛围中的同事关系，即员工与员工或领导之间家庭成员般的关系有利于提升员工的组织认同感。

2. 个人因素

在对组织因素进行研究的同时，诸多学者关注到了个人因素对组织认同的影响。这些个体因素主要包括成员在组织中的任职年限、个性及满意度等因素。Mael 和 Ashforth（1992）经研究发现，工作年限、满意度和多愁善感的性格对组织认同会产生显著影响（分别为 $\beta=0.12$，$P<0.05$；$\beta=0.33$，$P<0.001$；$\beta=0.15$，$P<0.01$）。Bamber 和 Iyer（2002）的研究则表明工作年限对组织认同的影响不显著，两者的关系还有待进一步验证。Kreiner 和 Ashforth（2004）的实证研究证明了个体认同的需要强度与组织认同的相关性；Bartel（2001）、Bhattacharya 等（1995）的研究显示，认同随着任职期限的增加会有增加的倾向，但是，任职期限似乎会以递减的效果增加认同。Johnson（2005）首次研究了个性与组织认同的关系，验证了“大五人格”中的外倾与神经质两个因素分别会正向与负向影响组织认同。

3. 环境因素

就组织外部环境因素而言，Mael 和 Ashforth（1992）的研究表明，组织前因中的组织差异性和组织间竞争会对组织认同产生显著的影响（分别为 $\beta=0.13$，$P<0.05$；$\beta=0.26$，$P<0.05$）。王彦斌（2004）认为，社会经济制度和组织生存的竞争性环境会对组织认同产生影响，但未就此进行实证研究。

宝贡敏和徐碧祥（2006）根据上述学者对组织认同前因变量的相关研究，将它们归纳为三类：即个体特性、组织特性和环境特性，并分别进行了举例说明（见表 2-8）。

表 2-8 组织认同的前因变量分类

组织认同前因变量		举例
个体特性		工作年限、满意度（Mael 和 Ashforth，1992）
组织特性	组织形象	组织声誉（Mael 和 Ashforth，1992）
	组织氛围	组织沟通氛围（Smidts 等，2001）；组织支持、同事关系（Morgan，2004）
	工作特性	工作自主性、工作效能、职业认同（Bamber 和 Iyer，2002）
	文化特性	员工感知道德（Schrodt，2002）
环境特性		组织差异性、竞争（Mael 和 Ashforth，1992）

资料来源：宝贡敏，徐碧祥. 组织认同理论研究述评［J］. 外国经济与管理，2006（1）：42.

可以看出，组织认同的前因变量中，属于组织特性类别的变量研究较为丰富，这说明对员工组织认同的影响因素中，组织本身的影响更为重要。这一方面体现出加强组织建设的重要性，以提高员工的组织认同；另一方面也说明增强员工认同的实践工作具有一定的复杂性和系统性。

（四）组织认同的结果

学者们对组织认同的结果进行了理论与实证研究，认为组织认同的产生会对组织成员的态度与行为产生重要影响，这些态度和行为集中在组织承诺、成员合作行为、工作满意度以及离职意向等方面。研究表明，成员的组织认同度高，能为企业带来许多益处：如增加员工对组织的忠诚度（Adler，1987）、降低员工离职率（O'Reilly and Chatman，1986）、促进组织成员的合作精神和公民行为（Bergami and Bagozzi，2000；Dukerich et al.，2002）。可以看出，强组织认同感会引起员工心理与行为的显著变化，并通过影响组织内部积极因素和消极因素来改善组织绩效。

对组织承诺的影响。Bergami 和 Bagozzi（2000）通过实证研究发现，组织认同会对组织承诺产生显著影响（包括“满意”和“热爱”两个维度），还会对基于组织的自尊产生显著影响（$\beta=0.73$，$P<0.001$），并通过两者进而对组织公民行为的五个维度产生显著影响：组织承诺的“满意”维度会显著影响“利他主义”维度和“公民美德”维度（分别为 $\beta=0.47$，$P<0.001$ 以及 $\beta=0.20$，$P<0.001$）；“热爱”维度会显著影响“运动员精神”维度（$\beta=0.25$，$P<0.001$）；基于组织的自尊显著影响“责任意识”维度和“文明礼貌”维度（分别为 $\beta=0.23$，$P<0.001$ 以及 $\beta=0.26$，$P<0.001$）。Dukerich 等（2002）的研究也证明，组织认

同显著地影响组织公民行为（β=0.62）。这些实证研究所得出的结论，不但反映了组织认同的后向结果，而且进一步阐述了组织认同和组织承诺两个概念之间的关联和区别。

对成员合作行为的影响。Brewer（1979）研究发现组织认同能将自我概念提升到群体水平，从而增强员工间的合作。Dukerich 等（2002）的研究也表明，组织认同的强度会对组织内部合作产生显著影响（β=0.57）。Polzer（2004）通过实验研究表明，当两个子群体源于不同的组织时，如果对应的子群体具有个人主义文化和声誉时，组织认同会对合作的分配产生显著的影响（β=-0.59，P<0.05），即高组织认同的员工会将合作的分配由整体转向子群体，导致低整体合作和高子群体内部合作。

对工作满意度的影响。Dick 等（2004）对组织认同与工作满意度间的关系进行了研究，他们将组织认同分为"认知"、"情感"、"评价"和"行为"四个维度，从个人生涯、团队、组织和职业四个层面进行研究，结果表明：生涯认同与团队认同中的"评价"维度可显著提升工作满意度（分别为 β=0.15，P<0.05 以及 β=0.14，P<0.05），学校认同和职业认同中的"情感"维度也可显著提高工作满意度（分别为 β=0.16，P<0.01 以及 β=0.18，P<0.01）。

对离职意向的影响。Bamber 和 Iyer（2002）的调查表明，组织认同会显著降低组织职业冲突（β=-0.17，P<0.01），而且组织认同会显著降低员工离职意向（β=-0.11，P<0.01）。Dick 等（2004）的研究也表明团队认同与学校认同的"情感"维度可大大降低退休意向（分别为 β=-0.22，P<0.01 以及 β=-0.17，P<0.01）。可见，组织认同度高对于维持稳定的员工队伍具有重要的意义。

宝贡敏和徐碧祥（2006）还分析了组织认同对我国企业的管理启示，他们认为中国企业应重点做好五个方面的工作，即强调组织的社会责任、关注组织声誉的构建、重视管理者素质的提升、确保利益分配的公平性和强调沟通能力的培养。其中组织的社会责任和组织声誉的构建方面，与本书研究主题具有较高的相关性。

宝贡敏和徐碧祥（2006）提出之所以要强调组织的社会责任建议，是因为我国的传统文化强调经济利益的道德价值，对于组织行为的评价以"义"为主，长期受此文化熏陶的员工更容易接受承担更多社会责任的组织，这就要求组织对本身的使命进行合理定位，在经营理念上体现更多的社会责任心，使员工更易于融入组织的文化，接受组织的价值观，实现对组织的认同。关注组织声誉构建的原因，是因为现有的大量研究表明，组织的声誉会显著影响员工对组织的认同。中国人尤其看重面子，高声誉的组织会使员工觉得很有面子，进而满足受尊重的需要。因此，我国的组织应该致力于提升组织的整体声誉，通过满足员工的高层次心理需要来增进员工对组织的认同感。

三、认同理论在营销学领域的研究：公司认同

社会认同理论不但在社会心理学领域得到了广泛的应用和发展（Mael and Ashforth，1992），在组织行为学中也得到了借鉴和推广（Dutton et al.，1994；Bergami and Bagozzi，2000），而且在营销学研究领域中开始受到关注并得到研究（Bhattacharya et al.，1995；Bhattacharya and Sen，2003；等等）。

社会认同是人们对某个特定群体或组织的归属感（Mael and Ashforth，1992）。如前文所述，社会心理学和组织行为学领域的学者先后研究了社会认同和组织认同的前因后果，并取得了丰富的研究成果。公司属于组织的一种类型，因此，消费者（“人们”的具体类型之一）对某个特定公司（“组织”的具体种类之一）的认同将产生怎样的后向结果？其形成前因又是什么？无疑，将社会认同和组织认同的理论逻辑应用于顾客和公司之间纽带关系的研究，是极具诱惑力的跨学科研究命题。Bhattacharya 等（1995）认为，研究顾客对公司认同的前因后果，不但将丰富认同理论的发展，而且更好地了解公司认同是企业获得持续竞争优势的源泉。

随着行业竞争的不断加剧，公司争相为品牌赋予独特的身份（a distinct identity），以期获得持续的竞争优势。其中重要的战略战术之一，就是使公司和品牌获得顾客的强烈认同（Nandan and Rai，2005）。因为，顾客对特定公司或品牌的认同，将使之区别于其他消费者（Kim et al.，2001），这实际上是社会认同理论类化、认同和比较三阶段历程在消费行为中的作用结果。并且，顾客对公司的认同能导致更高的品牌忠诚和积极的口碑效应。如有研究发现，94%的哈雷车主表示会再次购买哈雷摩托车，Aaker 和 Jacobson（1994）也发现，95%的土星（Saturn）顾客会向他人推荐该品牌，这个比例高于雷克萨斯和奔驰两个品牌车主的推荐比例。因此，研究顾客对公司认同的前因变量和后向结果，具有重要的理论意义和实践价值。

（一）公司认同的概念

Bhattacharya 等（1995）最早关注到具有“消费者”性质成员的认同感，对于相应组织机构营销效果的影响。他们注意到一些公司通过支持和参与公益事业或社区活动，从而在一定程度上赢得了消费者对这些公司的认同。如哈雷—戴维森公司通过哈雷俱乐部（HOG）赞助区域性和全国性事件、本杰里（Ben & Jerry）冰激凌公司主动支持保护雨林行动等。Bhattacharya 等（1995）因此对成员认同感在具有非营利性组织特点的艺术博物馆进行了实证研究。此后，Bhattacharya 和 Sen（2003）、Ahearne 等（2005）相继实证研究了顾客对公司认同在营销中的影响。

在社会认同理论（Brewer，1991；Tajfel and Turner，1985）和组织认同理论（Bergami and Bagozzi，2000；Dutton et al.，1994；Mael and Ashforth，1992；等等）的基础上，Bhattacharya 和 Sen（2003）首次正式提出了顾客—公司认同（consumer-company identification，C-C Identification）的概念，它是指“营销者不断日益寻求与消费者建立的一种深刻的、忠诚的、有意义的心理关系”，它能为消费者提供对某个特定公司的认同感，或使消费者对某个特定公司具有归属感。消费者是在对公司产生认同的基础上，形成消费者和公司之间的关系，这种顾客公司认同有助于满足消费者自我概念的需要（self-definitional needs）。Bhattacharya 和 Sen（2003）认为顾客对公司形成认同，是主动的、经过选择的和具有意志力的行为，从而使消费者产生满意的或者不满意的公司行为。社会认同理论（Brewer，1991；Tajfel and Turner，1985）指出，为了达到表达自我的目的，人们通常超越个人身份而形成某种社会身份，而组织是构成人们社会身份的关键部分。人们是根据不同的社会类别（如性别、种族、职业、体育团队或者其他短暂生活过的群体），对自己进行识别或分类，从而归类为某种社会身份（Kramer，1991）。

公司能作为消费者满足认同感需要的组织类型。Bhattacharya 和 Sen（2003）指出，尽管大多数研究考察了作为组织正式成员情境下的自我分类情况，然而根据社会认同理论（Brewer，1991），人们并不需要与群体发生相互作用，甚至不需要感觉强烈的人际关系，也能感知到作为群体成员的认同感。组织认同研究（Pratt，1998；Scott and Lane，2000）指出，根据社会认同理论，即便人们不是组织的正式成员，但为了达到认同的目的，也会尽力去寻找某类组织。因此，

Bhattacharya 和 Sen（2003）认为，在当今公司形象和消费主义发生前所未有影响力的环境下，有些公司能为消费者提供具有吸引力和极具意义的社会身份，从而满足消费者自我概念的需要。因此，尽管消费者不属于组织的正式成员，但这类公司已成为相关消费者满足认同感需要的重要目标。由此可见，公司已成为能满足消费者获得认同感表现自我的重要组织类型。

“公司认同”和“品牌认同”的概念区别。Bhattacharya 和 Sen（2003）特别指出，顾客—公司认同（C-C Identification）与顾客对品牌认同（Aaker，1997）两者在概念上存在区别，后者的目标市场，通常是某些典型客户（prototypical consumer）。如对“万宝路”的品牌认同通常不同于对生产该品牌的“菲利普·莫里斯”的公司认同。金立印（2006）也注意到了消费者的公司认同感和品牌认同感有所不同。他指出，品牌认同感是指偏好特定品牌的部分消费者对该品牌的认同程度，而公司认同感的目标是特定的企业，其主体主要是由希望将特定企业的社会形象同其自我形象联系起来的不同类型的消费者群体构成。例如，对“帕萨特”这一汽车品牌的认同感应区别于对其生产企业“上海大众”的认同感。消费者对“帕萨特”的品牌认同感源于其对该品牌形象特征的感知。而对“上海大众”的公司认同感则源于对“上海大众”的整体公司形象（由其所生产和销售的产品品牌形象、经营理念、企业文化和社会责任运动等多种因素结合在一起而形成）的感知。因此，消费者对“帕萨特”品牌的认同程度取决于“帕萨特”的品牌形象特征同消费者感知到的自我形象特征的相符程度。与之不同，消费者所感知到的自我形象特征即使与“上海大众”的公司形象特征并不一致，但如果“上海大众”的企业价值为社会所广泛认可，其经营活动为社会所高度评价，消费者希望成为其企业组织中的一员时也可能对其产生认同感。这是品牌认同感同公司认同感的根本区别。学者们认为，消费者对公司的认同程度不仅与其对该企业生产或销售的产品（或服务）的持续购买有相关关系，还会影响到口头传播行为（Bhattacharya et al.，1995）。

“公司认同”与“组织认同”在概念上的区别。随着公司认同日益在营销学界受到关注和研究，这方面的研究逐渐深入和细化，因此，有些学者开始关注研究公司认同和组织认同之间的差异。Hatch 和 Schultz（1997）对两者作了概念上的区分，他们认为组织认同是内部利益攸关者（如股东、员工等）对公司的感知，也就是对公司自身的看法；公司认同（或者说公司形象、公司声誉）是外部利益攸关者（如公众、消费者等）对公司的感知。当然，随着“内部利益攸关者”和“外部利益攸关者”之间逐渐相互融合和相互作用，两个概念之间的差异程度也会逐渐降低。尽管内外部利益攸关者的角色重叠程度逐渐增加，鉴于本书是将认同概念引入营销理论的研究领域，因此，本书主要从“外部利益攸关者”的视角进行研究。为进一步厘清公司认同的内涵，有必要分析公司认同的构成要素。

（二）公司身份的构成要素和传播途径

Bhattacharya 和 Sen（2003）在发表于 *JM* 的重要文献《顾客—公司认同：一个探析公司顾客关系的研究框架》（Consumer-Company Identification：A Framework for Understanding Consumer's Relationship with Companies）一书中，重点探讨了公司认同的构成要素。

顾客关于公司的知识结构，在概念上通常被定义为公司形象、公司声誉，或者更广泛意义的公司联想（Brown and Dacin，1997；Fombrun and Shanley，1990），这类知识结构主要包括顾客关于公司特征的信念和感知（如文化、组织气氛、价值、竞争地位等），以及对公司的反应，如与公司相关的情绪、感情和评价等（Dowling，1993）。这在前面有关公司品牌的文献综述中进行了论述。然而，Bhattacharya 和 Sen（2003）认为，这些联想并非构成顾客认同公司的基础。研究表明，人们对于组织的认同是建立在他们对组织核心价值观或者界定特点的基础上，也就是所谓的感知认同（Dutton et al.，1994）。这种感知认同受到组织使命、组织结构、组织流程和组织气氛等因素的影响，对于某个特定组织而言，这些因素具有重要影响和作用，不但代表了该组织的主要特征或者特质（Kunda，1999；Scott and Lane，2000），而且在更长的时空之中，由于这些因素，从而使得组织之间具有显著区别（Albert and Whetten，1985）。因此，Bhattacharya 和 Sen（2003）提出公司身份的主要构成要素包括两方面：一是核心价值（core value），这蕴含在公司营运方针、组织使命和公司领导中（Whetten and Godfrey，1998）；二是公司统计类特征（Pelled et al.，2000），如所属行业、公司规模、竞争定位及原产地等。

要使顾客对公司产生认同，企业必须对公司身份进行高效传播。Whetten 和 Godfrey（1998）研究发现，公司身份是通过多种传播途径抵达消费者。例如，Albert 和 Whetten（1985）注意到公司身份通常是通过官方文件进行传播，如公司年报、发布新闻等，其他传播途径还包括公司品牌标志及符号（如 LOGO、公司办公大楼外观）等。Bhattacharya 和 Sen（2003）不但提出了公司身份两类主要构成要素，更重要的是，他们按照公司对传播途径的可控性程度，将公司认同要素与公司认同的传播途径进行了对应（见图 2-5），从而使企业在选择传播公司身份的途径方面，具有行动指南和参考依据。

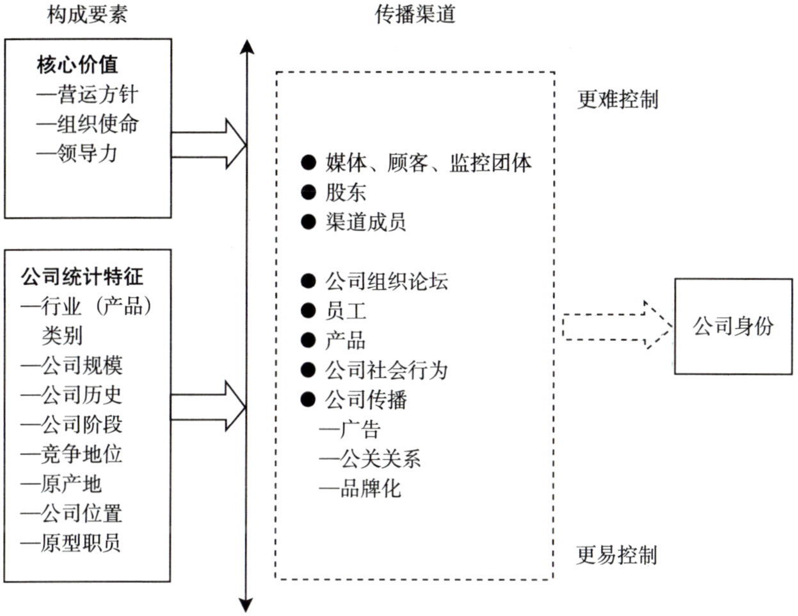

图 2-5 公司认同的构成要素及其传播渠道

资料来源：Bhattcharya and Sen. Consumer-Company Identification: A Framework For Understanding Consumers' Relationships with Companies [J]. Journal of Marketing, 2003 (4): 76-88.

（三）公司认同的实证研究：前因变量和后向结果

公司认同作为构念引入营销学领域之后，一些学者先后进行了相关的实证研究，尤其是针对某些具体行业，其重点在于探讨公司认同的前因变量和后向结果。

1. 公司认同的前因变量

导致顾客对公司产生认同的原因之一，在于顾客对公司主要的、独特的和持久的特质感知良好（Albert and Whetten，1985）。自我概念的三个基本原则，即自我强化（self-enhancement）、自我区别（self-distinctiveness）与自我延续（self-continuity）的需求，不但能说明顾客对公司特质感知良好的原因，而且能解释顾客认同强化的原因（Dutton et al.，1994）。而对于自我延续的需要，则意味着顾客为了理解自己和所处的社会，通常会在维持一致性自我方面受到激励（Kunda，1999）。况且，当自我概念由于组织特征而得到强化时，个体则更容易钟情于某个特定组织，因为该组织为个人提供了能满足自我表达的机会。同样，社会认同理论认为，人们需要在社会情境中将自己与他人有所区分（Tajfel and Turner，1985），人们便倾向于寻找、加入某些社群，在他们所遵循的价值维度上与其他社群有所不同。因此，按照这个逻辑，当顾客确信某个特定公司具有独特的特质（如文化、战略、结构）时，顾客就会认为该公司值得认同，具有吸引力。Ahearne 等（2005）据此认为，顾客对公司特质方面的感知越好，则顾客对公司的认同程度越高。感知的公司特质（perceived company characteristics）也因此成为他们提出的第一类影响顾客公司认同的前因变量。

Ahearne 等（2005）认为影响顾客—公司认同的第二类因素是公司的外部形象（construed external image），它是指基于消费者的个人经验或对公司组织文化的感知，以及消费者对公司整体形象的感知。只有当顾客认为公司具有吸引力时，才会对公司产生认同。这种外部形象主要是指顾客对其他人如何评价公司的感知与信念，当顾客认为某公司外部形象具有吸引力时（如公司与众不同的特质不但正面积极，而且在社会环境中受到其他群体的重视），顾客对公司的认同则会增强。人们总是试图通过与受到社会尊敬的公司发生关联，来获得和维持正面、积极的社会身份，因为这类公司能为个人提供一定的社会机会（Brown S.G.，1969），并提高个人的社会声誉（Ashforth and Mael，1989；Cheney，1983）。组织外部形象吸引力和认同之间的关联，已在诸多情境下得到证实，包括职员（Smidts et al.，2001）、校友（Mael and Ashforth，1992）以及体育迷（Fisher and Wakefield，1998）。因此，Ahearne 等（2005）认为，顾客对公司外部形象感知越觉得具有吸引力，则对公司的认同度越高。

影响顾客公司认同的第三类前因变量称为跨边界代理（boundary-spanning agent）。Bartel（2001）认为，跨边界代理的目标，在于从组织外部环境的视角，联结和协调组织的关键核心要素。跨边界代理能通过多种途径对公司质量和公司形象的相关信息进行“发射”，这些途径和方式包括公司个性、无形资产、公司响应、知识及可靠性等。因此，顾客与公司的任何日常接触（如与销售代表、客户服务代表，或者技术服务人员等），都会影响顾客对该公司的认同感。换言之，在与跨边界代理所有角色的互动和接触过程中，只要能令顾客感觉满意，顾客就会倾向于将该公司视为满足社会身份追求的目标（Bhattacharya and Sen，2003；Scott and Lane，2000），原因是这类接触和互动能使顾客更容易从记忆中提取愉悦和与自我相关的信息，而这些信息是产生和形成组织认同的重要驱动因素（Scott and Lane，2000）。因此，Ahearne 等（2005）认为，顾客对公司跨边界代理（如销售代表等）的感知越好，则顾客对公司的认同度越高。

公司身份是客观的，然而对公司身份的认同则属于消费者的主观感知和心理行为。因此，Bhattacharya 和 Sen（2003）提出了公司身份吸引力（identity attractiveness）的概念，他们的逻辑是只有当公司身份对于消费者具有吸引力时，才会对公司身份产生强烈的认同。也就是说，顾客对公司身份的感知是顾客评价公司身份（认同的心理过程）的主要前因变量。因此，Bhattachaya 和 Sen（2003）进一步研究了影响顾客对公司身份评价的前因变量，他们认为主要有三个影响因素，分别是身份相似性（identity similarity）、身份独特性（identity distinctiveness）和身份威望度（identity prestige）。这三个因素和公司身份吸引力之间都具有正向的影响关系，亦即如果顾客感知公司身份和自己身份之间越具有相似性，则公司身份对顾客越具有吸引力。其背后的理论支持是，如果顾客和公司两者之间的身份具有相似性，顾客不但会发现自我相关的信息固化于公司身份之中，这样就非常容易受到关注（Markus and Wurf，1987），而且能使顾客更加完整和真实地表达自我特质和价值（Pratt，1998）。关于身份独特性因素，社会认同理论认为，人们倾向于在社会情境下把自己与他人区别开来（Tajfel and Turner，1985），尤其对于正面的独特性，Brewer（1991）认为这种独特性有助于满足人们“与众不同”的社会需要。因此，如果顾客感知公司身份尤其特别时，则公司身份对顾客更加具有吸引力。最后，自我概念有关研究（Kunda，1999）表明，人们都喜欢受到重视和处于积极的状态，人们对自我延续（self-continuity）和自我强化（self-enhancement）的需求是“并驾齐驱”的，因为这能导致更强的自尊。组织认同研究（Ashforth and Mael，1989；Dutton et al.，1994）说明，人们是通过寻求具有较高声誉的组织产生认同而达到自我强化的效果和目的。Bhattacharya 和 Sen（2003）认为，顾客认同具有较高声誉的公司，则能提高顾客的自我价值感，因此，公司身份吸引力在一定程度上受到感知声誉的影响。

2. 公司认同的后向结果

一旦个体认同某个组织后，人们会通过多种方式和途径支持该组织

(Ahearne et al., 2005)。例如在雇员与雇主情境下，研究者发现成员的组织认同将导致更低的员工离职率（Bergami and Bagozzi，2000；Dutton et al.，1994），甚至会增加员工对组织竞争对手的竞争态势和诋毁竞争者。在文化教育机构情境下，对组织的高度认同将使成员对组织产生更大的财务支持（Bhattacharya et al.，1995；Wan-Huggins et al.，1998）。在顾客情境下，营销者试图影响的结果则是顾客对品牌的评价和选择。

诸多研究表明（Aaker and Keller，1993；Belch and Belch，1987；Wansink and Kent，1998；等等），公司形象和消费者产品评价呈正相关关系，具有正面形象的公司将导致积极的产品评价（Brwon and Dacin，1997）。因此，基于这些研究，Ahearne 等（2005）认为公司认同是产生上述结果（积极的产品态度和评价等）的关键心理变量，从社会认同的视角而言，也就是一旦顾客认同某个公司，对该公司产品的购买便成为顾客自我表达的行为。Ahearne 等（2005）将顾客这种购买所认同公司产品的行为，称之为顾客角色内行为（in-role behaviors）的体现。

人们在对组织产生强烈认同感后，不仅会满足于能令自己感觉满意和舒心的角色内行为（如品牌选择和产品使用等），而且会产生顾客角色外行为（extra-role behaviors）。这类角色外行为在组织认同中已得到普遍研究，如出现组织公民行为（Podsakoff et al.，2000）、自发的员工行为（George and Brief，1992）、情境行为（Borman and Motowidlo，1993）。对于顾客而言，这类角色外行为的诸多体现已得到研究和证实，如口碑效应、为产品改进提出建议、向其他顾客推荐，以及主动传播等（Bettencourt，1997）。因此，Ahearne 等（2005）在组织认同研究的基础上，提出顾客会通过角色外行为（口碑效应、积极推荐和主动传播等）来表达个人对该公司的认同感。也就是说，顾客公司认同感越强烈，顾客越愿意代表公司行使角色外行为。

实际上，几乎所有组织认同研究的结论都表明，人们通过自我类化（self-categorization）到以组织为基础的社会类别（organizational-based social categories）之后，会出现多个正面积极的结果（Bagozzi and Bergami，2002；Mael and Ashforth，1992；Scott and Lane，2000；等等）。其原因是，由于认同使人们在心理上变得更加依附和关心某个组织，从而激励成员更加自愿地为组织做出努力，并积极主动地与该组织成员进行合作，致力于达成组织目标。因此，Bhattacharya

和 Sen（2003）通过借鉴组织认同的相关研究结果，提出顾客对公司产生认同所导致的后向结果包括：对公司更加忠诚、更加愿意为公司进行宣传、更主动推荐新顾客，对公司出现的负面信息具有弹性等。

第四节 研究机会与切入点

通过本章有关公司品牌和认同理论的综合性文献回顾和评价，可以发现：首先，公司品牌对产品评价的影响在国外得到了丰富的实证研究，而且西方学者开始关注到了营销领域中有关调节变量因素（产品特征、品牌战略等）的影响。其次，社会认同理论在组织行为学领域得到了丰富的借鉴和研究，取得了非常具有管理实践价值的作用，其中很多研究成果和实证发现，已被借鉴到顾客对公司认同的情境。最后，社会认同理论已开始在营销领域受到关注，产生了顾客公司认同概念，并由较早在非营利组织（如艺术博物馆，Bhattacharya et al.，1995）中的实证，到对某些特殊行业［如医药行业，Ahearne et al.（2005）］的研究，这说明源自社会心理学领域的认同概念已逐渐引起营销学者的关注。作为两个独立的重要构念，公司品牌和公司认同都具有各自的内涵和构成，尽管西方学者对这两个构念的前因变量和后向结果都进行了实证研究，然而，在这两个构念和产品评价之间仍存在有待进一步研究的空间。

尽管西方学术界对公司品牌与产品评价之间的关系，以及公司认同的前因变量、后向结果进行了较为丰富的实证研究，但在全方位检索相关研究文献，并结合中国营销理论研究实际的基础上，本书认为，目前至少还存在以下几点有待进一步研究的空间。

一、公司品牌影响产品评价边界条件的拓展

公司品牌的结构维度及其测量方法在西方学术界已得到充分的实证研究，如前文所述，公司能力和公司社会责任是构成公司品牌两个较为稳定的结构维度，这已在多篇重要文献中（Brown and Dacin，1997；Sen and Bhattacharya，2001；Gürhan-Canli and Batra，2004；Berens et al.，2005；Biehal and Sheinin，2007；

等等）得到实证，并且在后续研究中还得到了广泛的应用。仍如前文所述，关于公司品牌影响产品评价方面的研究，基本的结论是公司品牌和产品评价之间呈正相关关系，而目前的热点和趋势，也非常具有理论意义和实践价值的是研究这两者之间的作用条件和边界。通过本章文献综述可以发现，关于公司品牌影响产品评价作用边界和条件的研究，当前仍以营销学领域的有关概念作为调节变量为主，主要分为三类：即消费者个体因素（如品类涉入度、公司知识、产品知识和风险感知等）、公司因素（多元化、品牌战略和定位战略等）以及产品因素（产品类型、产品差异化程度和产品组合状况等），可见，公司品牌影响产品评价和购买意向的跨学科作用条件和边界研究还不丰富。这些调节因素仍无法从理论上解释万科“捐款门”和王老吉“遭遇封杀”的营销现象。因此，本书在公司品牌对产品评价影响的实证研究中，希望通过引入源自社会心理学领域的公司认同概念作为调节变量，从而试图丰富和拓展公司品牌影响产品评价的边界条件。

二、公司品牌与产品品牌对产品评价影响的实证研究

公司品牌及其对产品评价的影响，尽管在西方已得到较为丰富的关注和研究，然而，这些研究主要是针对欧美市场，其实证研究的样本也是以当地消费者或欧美其他人群为主。尽管随着经济全球化和一体化形势的加剧融合，全球消费行为和文化在逐渐趋同，然而，由于中国消费者特有的文化背景因素，加之中国市场在全球占有举足轻重的地位，因此，在中国市场进行公司品牌影响产品评价的实证研究，仍然具有重要的实践价值。

在理论研究中，国内学者对公司品牌领域的研究目前仍处于起步阶段，主要表现为公司品牌相关的实证研究论文尚显不足。通过中国期刊网检索文献发现，目前开始关注到公司品牌相关研究的主要以中山大学管理学院的学术团队为主。如吴水龙等（2009）对公司品牌理论进行了综述研究，认为对公司品牌的作用机制和调节变量研究是未来的重要趋势。王海忠和赵平（2008）以国家自然科学基金课题“公司形象维度及其对市场网络成员长期关系导向的影响机制”为契机，以中国企业为样本实证研究了公司品牌形象对经销商关系导向的影响，提出对处于主导地位的制造商，当务之急是改善诚信形象，以强化经销商的长期关系导向。可见，当前国内学者关于公司品牌理论实证研究的重要文献还不丰富，尤其是公司品牌和产品品牌对产品评价影响的实证研究更是不多。因此，公司品牌和

产品品牌对产品评价的实证研究，无论是理论意义，还是实践价值，无疑都显得非常重要和必要。这也是本书有待挖掘的研究机会。

三、以公司认同作为公司品牌影响产品评价关系的调节变量之研究

通过对社会认同、组织认同和公司认同的文献回顾和综述可以发现，认同在人类社会生活中具有重要的影响作用，能用于解释多种社会现象。学者把认同理论引入组织行为学研究领域后，又通过组织认同解释了组织成员和组织之间的诸多现象，如员工忠诚度、离职率等，使组织行为的理论研究得以丰富和拓展。在随后社会认同理论和组织认同概念被引用和借鉴到营销学领域之后，学者们不但对公司认同的概念内涵和要素构成进行了界定，而且重点对公司认同在营销中的前因变量和后向结果进行了讨论。

公司认同的实证研究既是对社会认同理论和组织认同概念的进一步拓展（Ahearne et al.，2005），同时超越品牌管理而扩大了营销的研究范畴，对营销理论领域中公司品牌影响产品评价的主流研究（如 Brown and Dacin，1997；Sen and Bhattacharya，2001；等等）具有重要和有益的补充价值及借鉴意义。Ahearne 等（2005）因此指出，将公司认同引入营销研究领域，对于影响消费者行为的公司相关的非产品因素（non-product aspects）具有重要的理论贡献。鉴于这种逻辑关系，将目前公司品牌影响产品评价中调节变量由营销因素扩展至具有社会心理和营销交叉学科性质的变量因素，不仅具有重要的理论意义，而且将丰富和增大社会心理学有关理论的应用价值。因此，本书将试图以公司认同作为公司品牌影响产品评价关系中的调节变量进行实证研究，这不但将弥补当前理论研究在这方面的不足，而且将通过相关的研究发现解释本书开篇提出的营销现象。

第三章 公司品牌对产品评价影响的研究设计

在第二章文献回顾及对研究机会挖掘的基础上，本章对本书的实证研究进行总体设计：首先根据研究中主要研究构念之间的相互关系，提出本书的理论框架并进行说明；其次根据有关理论提出本书的主要研究假设；最后提出实证研究的思路与流程，并进行总体实验设计。

第一节 理论框架与主要研究假设

一、理论框架

根据第二章有关公司品牌、顾客公司认同及产品评价的文献回顾，以及对可能存在的研究机会的分析和挖掘，本书试图探讨公司品牌和产品品牌对产品评价的影响，拓展公司品牌影响产品评价的作用条件，并细化对公司品牌两个维度（公司能力和公司社会责任）与产品评价影响关系之间调节效应的研究。

公司品牌和产品评价两者之间的正相关关系，已经在诸多重要文献中得到研究证实，并且两者之间关系背后的原因，也已得到充分的理论解释。两者之间影响关系的结论主要体现在两方面：首先，作为一个整体而言，公司品牌对产品评价具有正向影响作用，也就是说，消费者对公司整体性的感知会影响对公司产品的反应和评价（Brown and Dacin，1997）。其次，公司品牌的不同维度（公司能力和公司社会责任）对消费者产品评价的影响机制并不相同，作用效果也不均衡。如 Brown 和 Dacin（1997）经研究发现，公司能力维度总体上比公司社会责任维度对产品评价的影响更大（公司能力 $\beta=0.38$，$P<0.05$；公司社会责任 $\beta=0.24$，$P<0.05$），并且，公司能力通过产品属性感知和公司整体两条路径对产品评价产生影响。之后，研究公司品牌和产品评价之间作用边界和条件的文献成为重点和热点，并重点集中于营销领域的相关概念，丰富了相关的理论研究。对于公司品牌影响产品评价实证研究结论的主要理论解释，是以 Feldman 和 Lynch（1988）提出的可获得性—可诊断性理论（accessibility-diagnosticity framework）作为主要的理论解释框架，该理论在许多学者的研究中（如 Sen and Bhattacharya，2001；Gürhan-Canli and Batra，2004；Berens et al.，2005；Biehal and Sheinin，2007；等等）都得到了运用。

产品品牌与产品评价两者之间的正向关系，则是更早就得到了研究实证。如 Allison 和 Uhl（1964）通过著名的啤酒盲测实验（blind test）发现，被试者实际上并不能通过品尝而区别出不同的品牌。然而，不同产品的品牌商标及其所蕴含的品牌联想，却显著地影响被试者对啤酒的评价。换言之，对于消费者而言，产品品牌之间的差异及其所赋予的联想，比产品本身（实体属性等）更能影响消费者对产品所产生的感知差异。因此，在产品质量保持稳定的前提下，只追求实体产品的差异化对于该产品市场的成败意义不大，而重点在于产品品牌的创建及品牌联想的建立。后来，更多研究（如 Rozek，1982；Meyers-levy and Tybout，1989；Keller，2008；等等）都实证了产品品牌对顾客产品评价的正向影响关系。

尽管公司品牌和产品品牌对产品评价具有正向的影响关系，然而，当由于资源受限而需要在公司品牌和产品品牌的创建之间进行选择时，应该优先建设哪个品牌呢？显然，对公司品牌和产品品牌影响产品评价的效果进行实证研究，并对比研究两者对产品评价的影响效果，具有重要的理论意义和实践价值。因此，公司品牌和产品品牌影响产品评价的关系比较，是本书有待实证的重点之一。

公司认同在公司品牌和产品评价关系之间的角色。卢泰宏、吴水龙、朱辉煌和何云（2009）在研究品牌理论发展历程中的标志性文献时指出，属于关系营销范畴的品牌社区，其形成机理源于社会身份（Brewer，1991；Tajfel and Turner，1985）、员工认同（Bergami and Bagozzi，2000；Dutton et al.，1994）及顾客公司认同（Bhattacharya et al.，1995）的理论模型。Dutton 等（1994）指出“认同感是组织成员感知自己归属于某个组织并共享该组织属性的程度”。认同感能满足成员对社会身份和自我表达追求的需要，并能增加成员对组织的满意度和忠诚度（Mael and Ashforth，1992）。因此，将这一机理运用于营销领域，即消费者对公司的认同，能使顾客感知到和该公司及其成员之间的一种亲密关系和紧密联系，并通过公司品牌表达自我、获得社会身份的认同。当达到这些目的后，顾客会增强对公司产品的满意度和忠诚度，并最终表现为重复购买、推荐购买及交叉购买该公司产品的行为。也就是说，如果顾客对公司的认同感较高，在形成强烈的情感依附和心理依赖之后，即便公司品牌出现负面影响（如公司社会责任相关的行为受到批评等），也可能不会影响到顾客对该公司产品的评价和购买。因此，顾客公司认同对公司品牌和产品评价之间的关系具有影响作用。

公司认同在产品品牌和产品评价关系之间的角色。前文在分析公司品牌和产品品牌两者之间的区别时曾指出，公司品牌的聚焦点是整个公司或组织，带给顾客的品牌联想范围非常宽泛，包括公司所有利益攸关者、各类关系、公司愿景、价值观和公司社会责任等，而产品品牌的聚焦点则是产品或服务本身，带给顾客的品牌联想范围也只与产品本身的质量、属性相关。根据认同有关概念和理论可知，公司认同是指顾客对某特定组织（公司）所形成的归属感和依附心理，而产品品牌并不能带给消费者以组织属性的联想。因此，可以据此推测，公司认同在产品品牌和顾客产品评价的关系之间，不会起到影响作用，亦即公司认同对产品品牌和产品评价之间不能扮演任何角色。

鉴于上述对公司品牌、产品品牌、顾客公司认同及产品评价等主要构念之间相互关系的研究和推理，并在第二章对研究机会分析的基础上，本书提出的理论框架如图 3–1 所示。

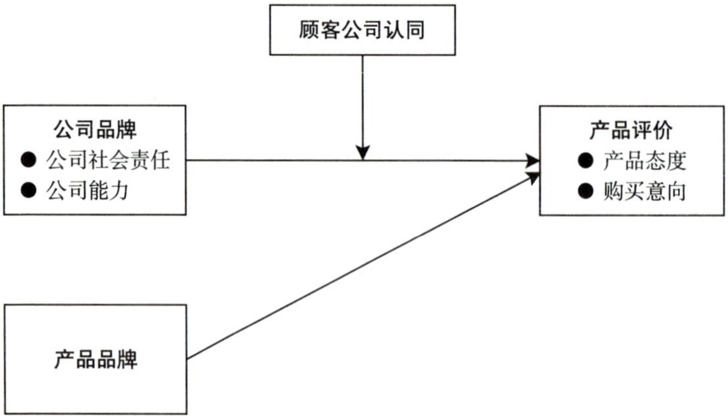

图 3–1 研究理论框架

由图 3-1 的理论框架可以看出，本书的主要内容，首先是研究公司品牌与产品品牌对顾客产品评价的影响关系，并检验公司品牌和产品品牌对产品评价的影响效果差异；其次是重点实证顾客公司认同作为调节变量，在公司品牌（作为整体性认知）和顾客产品评价影响之间的调节效应；最后是对公司认同的调节效应进行细化研究，即关注和验证公司认同对公司品牌两个维度（公司社会责任和公司能力）与产品评价影响关系的调节效应。

二、主要研究假设

根据文献回顾及相关理论，结合图 3-1 的理论框架，本节从宏观视角简明扼要地直接提出主体研究假设，具体详细的理论推理及假设提出过程，请参见相应的实验研究部分。

根据第二章相关理论研究和文献回顾，由图 3-1 的理论框架可以看出，公司品牌和产品品牌对产品评价均具有影响。由于品牌实践的需要，企业经常需要在公司品牌和产品品牌的创建顺序方面做出选择。根据公司品牌和产品品牌两者的概念内涵，结合 Feldman 和 Lynch（1988）提出的可获得性—可诊断性理论框架，本书试图以实验法实证公司品牌与产品品牌对产品评价影响效果的差异性。更具体地说，实验 1 将要验证的主要假设为：

H1：在其他条件相同的情况下，公司品牌影响产品评价的效果比产品品牌影响产品评价的效果更为显著。

倘若 H1 得到证实，即公司品牌影响产品评价的效果更为显著，那么公司品牌应该得到优先创建和推广。因此，进一步研究公司品牌影响产品评价的作用条件则显得十分有必要。此外，由于产品品牌只能带给顾客与产品（服务）相关的联想，其联想范围十分局限，而认同主要是对于社群（group）或组织（organization）产生归属感和依附感，因此，认同和产品品牌之间不会存在关系。鉴于研究公司品牌影响产品评价作用条件的重要性，以及产品品牌和认同之间的无关联性，本书进行实验 2 的实证研究。

实验 2 试图在前人研究公司品牌影响产品评价的基础上，深化和拓展研究公司品牌和产品评价之间关系的作用边界和作用条件。与既有研究不同，本书试图引入具有社会心理学、组织行为学和营销学交叉学科性质和特点的重要构念——公司认同，作为实验 2 有待验证的调节因素。公司品牌及其创建和传播是营销实践的重点和核心，公司品牌影响产品评价作用条件和边界的研究，是理论研究的主流趋势和重要热点。既有的相关理论研究目前主要是关注到营销领域的调节因素，如产品特点、品牌战略等，而交叉学科性质的调节变量尚未引起注意。

根据社会认同理论和组织认同实证研究的结论，并结合已开始逐渐趋于成熟的公司认同概念和理论，顾客对公司的认同是主动的、经过选择的和具有意志力的行为，会使消费者产生满意的或者不满意的公司行为（Bhattacharya and Sen，2003）。公司认同通过满足顾客自我表达和身份区分的需要，进而影响顾客的产品评价和购买行为。也就是说，公司品牌和产品评价之间的作用关系，受到顾客公司认同的影响。因此，本书试图以实验法实证顾客公司认同在公司品牌和产品评价之间的调节作用。更确切地说，实验 2 将要验证的假设为：

H2：顾客对公司的认同度对公司品牌和产品评价之间的影响关系具有调节作用。

本书实验 2 是将公司品牌视为一个整体进行研究，以便检验公司认同的调节效应是否存在。即在公司品牌的操作化定义上，本研究将采用其两个稳定的结构维度，即公司能力维度和公司社会责任维度，如前文所述，这也是目前在学术界得到广泛认可和实证的重要结论。

倘若公司认同的调节作用确实存在（即 H2 得到证实），那么该研究发现对公司的品牌创建和传播实践已有重要的启示作用（具体将在后文中讨论），也就是说公司在公司品牌创建和品牌传播中要考虑到公司认同的调节作用。然而，由于公司品牌的创建和推广涉及不同类型的公司行为，公司认同的调节效应对不同的公司行为是否均衡呢？对这个问题的回答无疑具有重要的实践意义，因为清晰地了解公司认同对公司品牌不同维度的调节效应，则可以在实践中避免公司行为的盲目性，提高公司行为的准确性。鉴于此，本书有必要进行实验 3 和实验 4 的实证研究。

根据公司品牌两个维度（公司能力和公司社会责任）所具有的不同内涵，实验 3 和实验 4 试图检验公司认同对这两个维度可能存在的不同调节效应。对公司社会责任和公司能力分别进行调节因素的检验，具有重要的理论基础和实践意义。首先，公司能力和公司社会责任是构成公司品牌的两个主要维度，并且作为两个构念，二者在理论上不具有相关性（Brown and Dacin，1997）。其次，公司能力和公司社会责任对顾客产品评价具有不同的影响机制和作用路径，并且影响效果不同（Brown and Dacin，1997；Berens et al.，2005；Biehal and Sheinin，2007；等等）。最后，公司能力和公司社会责任已经以独立研究构念的形式，单独出现在诸多重要研究文献和跨学科（如经济学、营销学和会计学等）研究领域中（Sen and Bhattacharya，2001；等等）。因此，在从整体性认知视角对公司品牌和产品评价之间影响关系进行调节效应的实证研究之后，对公司品牌两个维度进行细化研究，不但具有理论基础，而且对于创建公司品牌实践具有更加针对性的指导意义。

由于在实验 2 中假设公司认同在作为整体性的公司品牌和产品评价影响关系之间，具有调节效应，而公司能力和公司社会责任作为公司品牌的两个主要构成维度。因此，对实验 3 和实验 4 分别提出以下假设：

H3：公司认同对公司社会责任和产品评价之间的影响关系具有调节作用。

H4：公司认同对公司能力和产品评价之间的影响关系具有调节作用。

第二节　研究流程与总体实验设计

一、总体实验研究思路与流程

实证部分是体现研究主要价值和重要发现的核心部分。实验法是验证因果关系的重要实证方法，在国际营销学术研究领域受到了广泛重视，得到了重要应用。本书拟通过规范的实验方法对研究假设进行逐一验证，并对研究结果进行分析和解释。根据本书提出的理论框架及主要研究假设，实证部分的主要研究思路如下：

首先，研究公司品牌和产品品牌对顾客产品评价的影响关系及作用效应（实验 1）。将通过实验法实证公司品牌和产品品牌对产品评价的影响关系，发现公司品牌和产品品牌与产品评价之间的影响效果。尤其重要的是，在该研究中将重点探究哪类品牌（公司品牌或者产品品牌）对产品评价具有更加显著的影响效应。实验 1 得到的研究发现，将不但从理论上解释公司品牌和产品品牌两者之间谁对顾客产品评价的影响效应更为显著，而且将对创建公司品牌实践提供重要的理论支持。实验 1 根据公司品牌和产品品牌的相关理论及既有研究发现，提出了公司品牌对顾客产品评价影响更为显著的研究假设。

其次，对实验 1 研究结论进行拓展研究，也就是实证公司品牌影响产品评价关系中存在的作用条件和边界（实验 2）。本书根据社会认同理论及其在组织行为学和营销学领域的重要应用，提出顾客对公司的认同程度的高低将对公司品牌影响产品评价产生重要的调节效应这一理论假设。研究公司品牌影响顾客态度和反映影响关系之间的作用条件和作用边界，是该领域的研究热点和趋势。重要的是，本书引入了具有社会心理学、组织行为学和营销学等交叉学科性质的认同概念，这不同于此前主要关注营销因素（如品牌战略或产品类别）作为调节变量的研究。此外，无论在理论研究（如研究公司声誉、公司联想等），还是在品牌实践（如公司品牌价值、公司品牌排行榜等）中，公司品牌作为一个整体性概念出现，都是非常必然的，更是非常必要的。因此，实验 2 是从消费者对于公司品牌的整体性感知研究其作用条件和边界，该研究发现不但能实证顾客公司认同是否在公司品牌和顾客产品评价之间施加调节影响，而且能在宏观层面为理论研究和品牌实践带来重要启示，即创建强势公司品牌并不是影响顾客产品评价的首要条件，必须考虑其作用条件。

最后，如果通过实验 2，发现公司认同在公司品牌和产品评价之间存在调节效应，则非常有必要对公司品牌进行更加深入的研究，即探究顾客对公司认同的程度，对公司品牌的具体维度（公司社会责任和公司能力）和产品评价之间是否存在均衡的调节效应。这就是实验 3 和实验 4 的主要工作。之所以有必要进行实验 3 和实验 4 的研究，主要原因是：其一，为公司品牌创建实践提供更为微观和具体的指导（如公司社会责任和公司能力的构建）；其二，尤其对于制定公司品牌传播策略具有重要的借鉴作用（解决如何对顾客“说”以及如何“说得更好”的实际问题）；其三，对于公司品牌两个维度的理论研究，具有重要的推进作用。

因此，本书实证研究部分的逻辑结构和实验流程如图 3-2 所示。

二、总体实验设计

根据四个实验不同的研究目标和研究假设，本书在实证部分中将采取不同的实验设计。本部分主要从总体上介绍四个实验的设计，而对于每个实验所涉及的具体实验步骤、实验材料、操作化定义及实验操控过程，参见实证部分的相应实

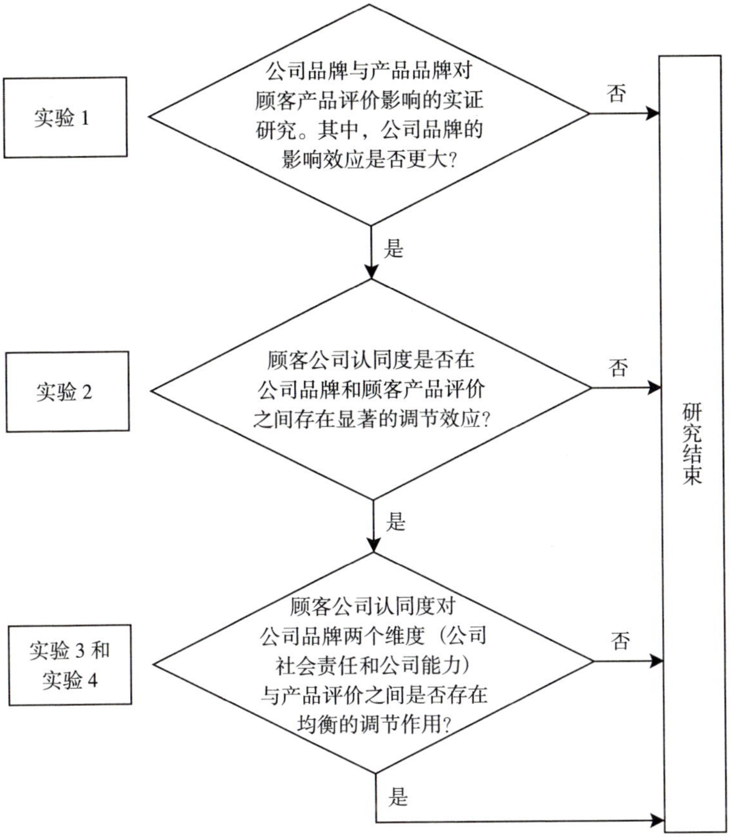

图 3-2　本书实验研究流程

验研究。

实验 1 的研究目标是验证公司品牌和产品品牌对顾客产品评价的影响关系，并重点检验公司品牌和产品品牌对产品评价影响效应的差异。因此，实验 1 中的自变量是产品中对品牌信息强调的突出程度（salience of brand information），根据现实中可能出现的品牌战略选择，实验 1 将设计四个实验组（分别为只出现且只突出公司品牌、只出现且只突出产品品牌、两者同时出现但强调公司品牌和两者同时出现但强调产品品牌）和一个控制组（不强调任何品牌信息）的实验方法进行验证。因此，实验 1 属于单因素被试间完全随机实验设计。

实验 1 对产品评价测量的因变量测项，取自 Petroshius 和 Monroe（1987）在研究中使用的量表，该量表对品牌态度的测量包括三个子量表，分别是产品质量（4 个测项）、产品吸引力（3 个测项）和产品可靠性（2 个测项）；该量表对购买意向的测量包括3个测项。实验2、实验3和实验4的因变量均采用此量表，其具体测项在后续章节中将予以说明。

实验2的研究目标是验证顾客公司认同在公司品牌和产品评价影响关系之间具有调节效应。实验2的自变量是公司品牌，调节变量是顾客公司认同，因变量是产品评价，因变量的测项量表同实验1。因此，实验2将采取2（公司品牌：强 vs.弱）×2（顾客公司认同度：高 vs. 低）两因素被试间完全随机实验设计，验证实验2提出的研究假设。

实验3和实验4的研究目标是验证顾客公司认同分别在公司社会责任和公司能力与产品评价影响关系之间的调节效应。因此，实验3和实验4的自变量分别是公司社会责任和公司能力，调节变量均是顾客公司认同，因变量均是产品评价。实验3将采取2（公司社会责任：高 vs.低）×2（顾客公司认同度：高 vs.低）两因素被试间完全随机实验设计，实验4将采取2（公司能力：高 vs.低）×2（顾客公司认同度：高 vs.低）两因素被试间完全随机实验设计，分别验证实验3和实验4提出的研究假设。

在实证研究中，将采取规范的实验步骤进行上述四个实验研究，即理论与假设、实验材料、被试、实验程序、结果与分析和实验讨论等。具体内容将在实证部分章节中予以详细论述。

表3-1清晰、简略地描述了四个实验的总体性设计及每个实验所要验证的主要假设和解决的现实问题。

表3-1 总体实验设计

	实验1	实验2	实验3	实验4
因变量	产品评价（量表源自 Petroshius 和 Monroe，1987）			
自变量	品牌信息突出类型	公司品牌	公司社会责任	公司能力
调节变量		顾客公司认同		
实验设计	单因素被试间完全随机实验设计	两因素被试间完全随机实验设计		
验证的主要假设	在其他条件相同的情况下，公司品牌影响产品评价的效果比产品品牌影响产品评价的效果更为显著（**H1**）	顾客对公司的认同度对公司品牌和产品评价之间的影响关系具有调节作用（**H2**）	公司认同对公司社会责任和产品评价之间的影响关系具有调节作用（**H3**）	公司认同对公司能力和产品评价之间的影响关系具有调节作用（**H4**）

续表

	实验 1	实验 2	实验 3	实验 4
解决问题	资源受限条件下的品牌实践到底是优先创建公司品牌还是优先创建产品品牌的问题	公司品牌对产品评价影响的作用条件和边界的拓展，是否还存在非营销变量的调节因素问题	构建公司能力和投资公司社会责任行为的边界及条件探讨，公司认同对公司社会责任和公司能力与产品评价影响关系之间，是否存在均衡的调节效应	

第四章　实验1：公司品牌、产品品牌对产品评价的影响差异研究

由于资源的稀缺性和有限性，企业在创建和传播推广品牌的实践中，经常在公司品牌和产品品牌两者之间面临创建顺序和资源分配的选择。实验1的目的主要是为解答这个品牌实践中的现实困惑提供研究结论和理论支持，因此，实验1的内容主要是研究公司品牌和产品品牌对顾客产品评价的影响，并探寻两者对产品评价的影响效果。本章将按规范的实验法研究步骤组织实证章节，即理论与假设、实验设计、实验材料、被试、实验程序、结果与分析和实验讨论。

第一节　研究假设与实验方法

一、理论与假设

由第二章文献综述可知，产品评价是营销学者研究中重要的响应变量。品牌知识的诸多变量都会对顾客产品评价产生影响，如消费者的知识结构会影响公司新产品的信念和态度（Brown and Dacin，1997）；顾客对属于全国性品牌的产品具有较高评价，因而更倾向于购买全国性品牌的产品（Day and Deutscher，1982）；顾客先前的广告接触会对产品评价产生影响，广告能减轻消费者的负面试用体验（Smith，1993）；甚至品牌发音也会影响顾客对产品的评价，如采用法国腔的读音能让消费者感知更好的产品质量（Leclerc et al.，1994）。此外，产品其他外部线索（external cues）对顾客形成产品评价具有重要影响，如价格信息

(Dodds et al.，1991)、促销信息（Lattin and Bucklin，1989）以及公司股票财务信息（Aaker and Jacobson，1994）等。可见，诸多因素会对产品评价产生影响。

对于消费者面对多类信息时的选择和使用，美国两位学者 Feldman 和 Lynch (1988) 提出了知名的可获得性—可诊断性理论框架。该理论认为，任何一条信息能被用于进行判断的可能性取决于三个方面：①该信息可获得性（accessibility），也就是指该信息从记忆当中被提取的难易程度；②该信息的可诊断性（diagnosticity），即指单独依赖于该信息对评价做出判断的能力；③与其他信息相比，该信息的可获得性和可诊断性程度。在现实的消费行为中，当顾客评价产品时，他们是在记忆的可获得性知识中，搜寻具有诊断性价值的信息。当顾客同时面对多个可获得性、具有可诊断性价值的信息源时，在顾客决定选择和利用其中某条信息进行判断之后，就同时意味着顾客降低或者放弃了其他信息的诊断性价值或者信息的用途。因此，当两个或更多信息同时可获得时，顾客增加某个信息的可诊断性价值，实际上就降低了其他信息的用途（Feldman and Lynch，1988）。那么，消费者如何在多个信息源中进行选择呢？消费者其实在认知过程中都非常“吝啬”，他们只是使用刚好足够的信息解决当前问题，而并不会评估所有可获得的、具有诊断价值的信息源，因为信息搜寻成本较为昂贵。因此，当某条信息越具有可诊断性价值时，就会在总体评价过程中被赋予越大的权重（Feldman and Lynch，1988）。

品牌是影响消费者产品评价和购买意向的重要因素（Aaker，1996；Keller，2003；2008），而公司品牌和产品品牌是既有联系又有区别的两个不同实体（Aaker，1996；Balmer，1995；吴水龙等，2009），两者具有不同的概念内涵，对消费者产生的品牌联想范围不同，对企业的创建品牌实践也意味着差异。尽管研究发现公司品牌对顾客的产品评价具有正向关系影响（Brown and Dacin，1997；Sen and Bhattacharya，2001），也有研究表明产品品牌信息对产品评价存在积极的影响因素（Dodds et al.，1991），然而，公司品牌和产品品牌两者对顾客产品评价产生的影响和效应均衡吗？这在当前的学术研究中有待进一步探索和发现。

随着公司品牌战略实践的专业化程度不断提高，公司对其推出的产品可采用多样化的品牌战略，如单一品牌战略（产品上要么仅出现公司品牌，要么仅出现产品品牌）、品牌“背书”战略（同时出现公司品牌和产品品牌，但强调公司品牌）或者子品牌战略（同时出现公司品牌和产品品牌，但强调产品品牌）。那么，对于消费者而言，哪种品牌战略对于产品评价的效果更好呢？诚然，如果一个公司同时拥有强势的公司品牌和产品品牌，如宝洁公司和丰田公司，这两者不但公司品牌出色，其产品品牌亦是出众。这类公司推出产品，即便以新品牌命名，消费者既有的公司品牌知识，会对产品评价产生影响；若以既有品牌推出产品，则属于品牌延伸范畴，因此不在实验 1 研究之列。为控制消费者既有品牌知识（公司品牌和产品品牌）对产品评价的影响，同时为重点解决新创型企业在面临公司品牌和产品品牌创建顺序选择的实际问题，本研究将以虚拟品牌名称进行检验。

公司品牌和产品品牌均是顾客面对产品评价和购买选择的重要信息。根据第二章对公司品牌和产品品牌两者概念内涵的差异分析可知，公司品牌所能带给消费者联想的范围较宽，包括人（公司利益攸关者）、各类关系、公司愿景和价值观、公司诚信和公司社会责任等，而产品品牌带给消费者的联想则较为有限，仅与产品本身的质量和属性相关。根据 Feldman 和 Lynch（1988）的可获得性—可诊断性理论，当消费者面对公司品牌和产品品牌信息时，由于公司品牌比产品品牌的联想范围宽，也就是说，公司品牌能更加方便地给予顾客相关信息。因此，消费者更容易从公司品牌方面获得用以判断和评价的信息源。并且，当消费者选择公司品牌信息后，就意味着可能放弃产品品牌的信息。

此外，在品牌个性方面，公司品牌能反映企业的价值理念和公司愿景，能代表公司或组织形象，属于组织和群体的联想范畴。产品品牌的个性，则主要与顾客形象相关，属于分散的个体联想范畴。根据社会认同理论，消费者均有归属组织或群体的需求，希望通过群体资格和组织身份表达自我概念和自我属性。因而，在心理认同方面，消费者会有归属于公司品牌的倾向。

因此，基于以上分析，在实验 1 中提出如下假设：

H1a：公司品牌和产品品牌对消费者产品评价，均具有正向的影响作用。

H1b：在其他条件相同的情况下，公司品牌影响产品评价的效果比产品品牌影响产品评价的效果更为显著。

二、实验方法

（一）实验设计

为了验证实验 1 提出的假设，采用单因素被试间完全随机实验设计。自变量为测试广告中强调突出的品牌信息，有五个不同水平。即按照广告中强调品牌的不同，将被试随机分为五个实验组，分别是只出现并强调公司品牌（G1），只出现并强调产品品牌（G2），同时出现公司品牌和产品品牌，但强调公司品牌（G3），同时出现公司品牌和产品品牌，但强调产品品牌（G4）和控制组既不出现公司品牌，也不出现产品品牌（G5）。因变量为产品态度（感知质量、产品吸引力和产品可靠性）和购买意向。

实验 1 对于自变量不同水平的操控，是以 Ahluwalia 和 Gürhan-Canli（2000）提出的信息显著性效应（the effect of information valence）和信息主导性影响（the effect of information dominance）作为理论基础，并参考和借鉴他们在研究中所采用的方法。其主要原理是通过在广告信息画面中强调突出某条信息（如字体大号、颜色鲜艳），使之成为被试最容易获得和具有诊断性价值的信息，从而操作了自变量的不同水平（即分别强调公司品牌和产品品牌）。

因变量是产品评价的两个部分：产品态度和购买意向，均采用成熟的测量量表。本实验中对产品评价的测量参考 Petroshius 和 Monroe（1987）研究中的量表。该量表对品牌态度的测量包括三个子量表，分别是产品质量（4 个测项）、产品吸引力（3 个测项）和产品可靠性（2 个测项）；该量表对购买意向的测量包括 3 个测项。因变量量表具体见后文表 4-1。

（二）实验材料

实验 1 采用纸质问卷和纸笔测试方式进行，实验材料分为两个部分（3 页 A4 纸）：第一部分为模拟新闻报道，作为实验启动材料。第二部分是平面彩色广告，作为实验刺激物。第三部分是实验测项、操控检验题项及个人信息部分（整个实验 1 材料请见附录 A）。

第一部分实验材料采用模拟专题报道，主要目的是启动（prime）被试关于公司品牌和产品品牌的概念，并在材料中导入实验 1 中的虚拟品牌名称。启动是社会心理学和营销学在实验研究中经常使用的操控方法（Chiu et al.，1997；Shah and Kruglanski，2003），通过启动的过程能增加被试对某些特定概念的短时可获得性（temporary accessibility）水平。第一部分实验材料模拟《21 世纪经济报道》的专题报道（参见附录 A1），在由 26 名大学生参加的预测试中，有 97.6%的被试认为该专题报道是从《21 世纪经济报道》中复印出来的。该专题报道的内容主要表现在两个方面：一是从专业角度介绍有关公司品牌和产品品牌的概念，经中国营销研究中心三名博士（生）和两名研究生判断，认为这方面内容达到了启动两个概念的目的。二是同时在报道中导入两个虚构的品牌。之所以采用虚构品牌，主要是排除被试既有品牌知识和使有经验等不可控因素产生的影响（Boush and Loken，1991；Brown and Dacin，1997）。关于实验材料所用的产品品类，经过初步调查和访谈，并考虑到一些特殊因素（如产品单位价值、产品科技含量）可能对被试进行产品评价产生不可控影响，实验1最终选取了学生群体经常接触的手提旅行包作为测试产品。

关于虚构品牌，由于被试均系中国学生，为了避免使用汉字作为品牌名称而给被试带来感知偏差，并经过网上搜索发现包类产品鲜有中文品名外现（要么仅是品牌LOGO，或者是英文品名，或者两者结合）。因此，实验1材料中的公司品牌和产品品牌均使用字母个数相仿的英文名称。最终确定的虚拟品牌名称分别为Lazzard（公司品牌）和Barrington（产品品牌），这两个虚拟品牌名称在研究中使用过。在借用到本实验之前，经过预测试后发现，这两个名称作为手提包的公司品牌和产品品牌名称是合适的。并且，为进一步增强被试对Lazzard作为公司品牌的感知，还在品牌名称后设计了标识符号（Berens，Riel and Bruggen，2005）。此外，经过预测试，上述公司品牌和产品品牌在名称偏好上没有显著性差异（$M=3.21$ vs. $M=3.19$，$F<1$）。

第二部分实验材料是作为实验刺激物的平面彩色广告，其主要内容包括背包图形和品牌名称两个方面。其中，背包图形在实验1所有版本的实验材料中保持恒定，背包上突出和强调的品牌名称发生变化，根据实验自变量操控的需要，分别强调公司品牌和产品品牌。具体来讲，如果是突出产品品牌，就将其品牌名称放大，并置于背包显眼位置；如果是强调公司品牌，则以公司品牌名称替代之。实验1材料的第二部分平面广告请参见附录A2。

根据实验分组的需要，实验材料共分为5个版本。其中实验材料中的第一部分模拟专题报道，在5个版本中均保持一致。实验材料第二部分的平面彩色广告信息分为两类，即品牌信息（发生变化）和产品图片信息（保持不变）。品牌信息根据不同实验组发生变化，因此，变化的5个品牌信息版本（见附录A2）分别是：G1组（在产品图片主要位置只突出公司品牌名称）；G2组（在产品图片主要位置只突出产品品牌名称）；G3组（在产品图片主要位置突出公司品牌名称，并在图片右下角位置用小字体标明产品品牌名称）；G4组（在产品图片主要位置突出产品品牌名称，并在图片右下角位置用小字体标明公司品牌名称）和 G5 组（只出现产品图片，没有任何品牌名称信息）。以上广告品牌信息强调突出的方式，是参考和借鉴 Ahluwalia 和 Gürhan-Canli（2000）在实验研究中的做法，并经过 3 名专家（中国营销研究中心的一名教授和两名博士生）认可，因此，本实验材料达到了强调公司品牌或产品品牌的目的。

（三）被试及实验步骤

共 156 名大学本科生参加了此次实验（其中 84 名男生，72 名女生；平均年龄为 21.12 岁）。学生参加此次实验是作为某门必修课程平时成绩的考核部分，被要求认真按实验人员的要求和指导进行。整个实验时长为 30~40 分钟。

实验开始之前，由实验人员将印刷并装订好的实验材料（共 4 页，第 1 页为简单指导语；第 2 页为模拟《21 世纪经济报道》的专题文章；第 3 页为彩色平面广告；第 4 页为因变量测项）156 份（5 个实验组，保证每组至少 30 份）打乱并随机置于课桌之上。之后，被试在既定时间进场，由实验人员随机安排座位，并告知被试等候指令。在所有被试就位之后，由实验人员按指导语说明此次的实验目的及主要程序，即首先认真阅读自《21 世纪经济报道》复印的一篇专题文章，之后翻到下一页，要求被试仔细阅读和欣赏彩色广告页，然后完成最后一页有关产品评价的选项，并随后完成有关操控性检验及个人基本信息题项。为确保实验材料对被试启动的成功，并保证不同实验组之间自变量差异的放大，在个人信息部分之前设计了 2 个操控性检验的 7 点李克特量表题项，用于检验操控的成功性。突出公司品牌两组（G1 和 G3）的操控性检验题项是：读了该专题报道之后：①我了解了公司品牌的概念；②我对于广告画面的公司品牌 Lazzard 比较熟悉。而突出产品品牌两组（G2 和 G4）的操控性检验题项是：阅读了《21 世纪经济报道》的专题文章之后：①我了解了产品品牌的概念；②我对于广告画面的产品品牌 Barrington 比较熟悉。对于回答完全不熟悉或完全不了解该公司品牌（或产品品牌）的被试（即在两道题项中，只要其中一道出现选择“1”），将在结果分析中予以删除。

实验 1 中产品评价采用李克特 7 点量表，具体评价题项内容如表 4-1 所示。

表 4-1 实验 1 产品评价因变量测项

产品态度（α = 0.86）
产品质量（α = 0.88）
● 我认为该产品非常好
● 我认为该产品的质量非常高
● 与同类产品相比，我认为该产品质量更好
● 我认为该产品带给顾客的好处很多
产品吸引力（α = 0.76）
● 我认为该产品很具有吸引力
● 我觉得该产品非常合意
● 我认为该产品给人愉悦的感觉
产品可靠性（α = 0.81）
● 我觉得该产品很可靠
● 我觉得该产品能带给我安全的感觉
购买意向（α = 0.86）
● 如果我打算购买背包，我会考虑选择这个产品
● 我会购买该产品
● 如果有朋友打算购买背包，我会建议他（她）购买该产品

注：采用李克特 7 点量表，1= “完全不同意”，7= “完全同意”。

第二节 实验结果与假设检验

一、操控性检验

为了检验实验操控的成功，首先对操控性题项进行检查，发现均无选 “1” 的情况，也就是说，所有被试的实验数据有效。并且，强调公司品牌和强调产品品牌在熟悉度指标的平均得分分别为：M1 = 6.37 和 M2 = 6.30，分值都比较高，说明实验材料广告画面突出的信息是成功的。其次对产品品牌组的两道操控性检验题项分别进行反向计分后，G1 和 G3 强调公司品牌两组在两道操控性检验题项的平均得分 M = 5.5，而 G2 和 G4 强调产品品牌两组在两道操控性检验题项的平均得分为 M = 1.7。进一步通过方差分析（ANOVA）发现，$F(1, 123) = 751.254$，$P < 0.001$，说明品牌强调突出的主效应显著。也就是说，实验材料的操控非常成功，使被试对分别强调产品品牌和公司品牌不同组间的差异感知明显。G5 组由

于实验材料平面广告不出现任何品牌信息，所以无须进行操控性检验。

二、假设检验

由于本实验中对产品评价因变量的测量是参考 Petroshius 和 Monroe（1987）研究中成熟的7点李克特量表，测项之间的相关性程度较高，因此从理论上在分值上可以进行平均化处理。同时，利用 SPSS 13.0 计算各测量指标的 Chronbach's α 值如表 4-2 所示，表明测量结果具有较高的信度（郭志刚，2003），各指标题项相关性较高，进一步说明可测量指标的分值可以进行平均化处理。因此，将分别采用产品态度（9个测项）和购买意向（3个测项）的得分平均值对顾客的产品评价进行方差分析，并验证有关假设。

表 4-2 实验1因变量测量指标的 Chronbach's α 值

<table>
<tr><td colspan="3">产品态度（9）</td><td>购买意向（3）</td></tr>
<tr><td>产品质量（4）</td><td>产品吸引力（3）</td><td>产品可靠性（2）</td><td rowspan="3">0.86</td></tr>
<tr><td>0.88</td><td>0.76</td><td>0.81</td></tr>
<tr><td colspan="3">0.86</td></tr>
</table>

注：括号中为测项数目。

（一）公司品牌和产品品牌对产品评价的影响

首先，五个实验组（G1~G5）被试在产品态度评价的描述性统计性如下（见表 4-3），图 4-1 则直观地反映了五个实验组在产品态度方面的得分差异。

由于 G1~G4 四个实验组均显示品牌信息（G1 和 G3 组强调突出公司品牌，G2 和 G4 组强调突出产品品牌），G5 组为控制组，没有任何品牌相关的信息。因此，以有、无品牌信息作为因素的两个水平，以产品态度为因变量，进行单因素被试间方差分析（one-way between-subjects ANOVA）。结果表明，有、无品牌信息的主效应显著：F（1，154）=212.573，P<0.001，有品牌信息四个组的产品态度平均得分（M=4.45）比没有品牌信息控制组的产品态度平均得分（M=2.24）显著高。

表 4-3 实验1突出不同品牌信息对产品态度的主效应

	G1（31人）	G2（31人）	G3（31人）	G4（32人）	G5（31人）
M（均值）	4.68	3.70	5.41	4.03	2.24
SD（标准差）	0.27	0.84	0.29	0.38	0.38

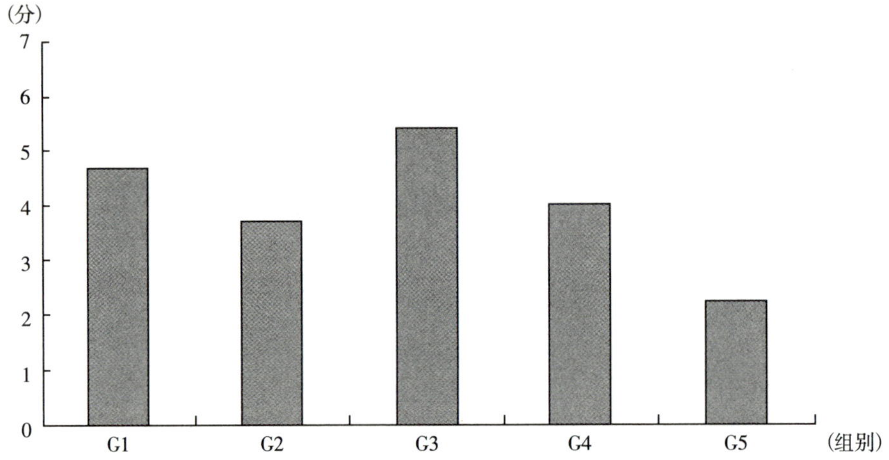

图 4–1 实验 1 各组产品态度平均得分

其次，五个实验组（G1~G5）被试在购买意向评价的描述性统计性如下（见表 4–4），图 4–2 则直观地反映了五个实验组在购买意向方面的得分差异。

表 4–4 实验 1 突出不同品牌信息对购买意向的主效应

	G1（31 人）	G2（31 人）	G3（31 人）	G4（32 人）	G5（31 人）
M	4.77	3.52	5.43	3.94	2.33
SD	0.47	0.43	0.48	0.48	0.49

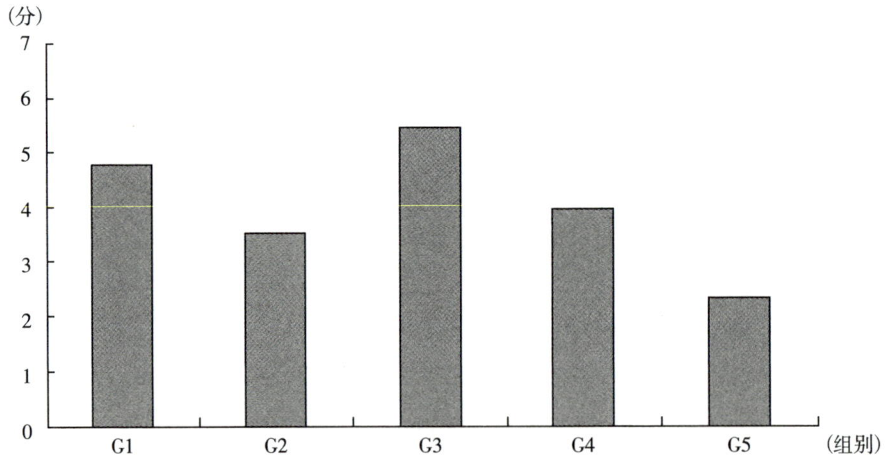

图 4–2 实验 1 各组购买意向平均得分

同样，以有、无品牌信息作为因素的两个水平，以购买意向为因变量，运用

SPSS 13.0 进行单因素被试间方差分析（one-way between-subjects ANOVA）。结果表明，有无品牌信息的主效应显著：F（1，154）=162.143，P<0.001，有品牌信息四个组的购买意向平均得分（M=4.41）比没有品牌信息控制组的购买意向平均得分（M=2.33）显著高。

表 4-5 归纳了实验组和控制组在产品态度和购买意向两个因变量的均值和方差。这些结果表明，被试对具有品牌信息组在产品态度和购买意向方面的评价，显著高于不具有品牌信息的控制组。这使实验 1 中的 H1a 得到了支持。

表 4-5　实验 1 因变量各指标得分均值及标准差

因变量	实验组				控制组
	G1（31 人）	G2（31 人）	G3（31 人）	G4（32 人）	G5（31 人）
产品态度	4.68（0.27）	3.70（0.84）	5.41（0.29）	4.03（0.38）	2.24（0.38）
产品质量	4.63（0.35）	3.54（0.37）	5.38（0.31）	4.06（0.40）	2.32（0.46）
产品吸引力	4.75（0.38）	3.92（2.39）	5.37（0.40）	4.01（0.52）	2.26（0.56）
产品可靠性	4.65（0.65）	3.64（0.64）	5.47（0.56）	4.02（0.63）	2.15（0.59）
购买意向	4.77（0.47）	3.52（0.43）	5.43（0.48）	3.94（0.48）	2.33（0.49）

注：括号中的数字为标准差。

（二）公司品牌与产品品牌对产品评价的影响效果分析

为了验证 H1b，在设计的四个实验组中，G1 组只具有公司品牌信息，且突出公司品牌；G2 组只具有产品品牌信息，且突出产品品牌，因此，可以对 G1 和 G2 两组进行产品评价分析，验证公司品牌和产品品牌对产品评价影响的效果差异。另外，G3 和 G4 两组均显示公司品牌与产品品牌，并分别强调公司品牌和产品品牌，因此，G3 和 G4 两组之间亦可对比分析，研究两类品牌对被试进行产品评价的效果。最后，G1 和 G3 组是强调公司品牌，G2 和 G4 组强调产品品牌，可以进行公司品牌和产品品牌对产品评价影响效果的综合分析。

首先，对 G1（只出现且强调公司品牌）和 G2（只出现且强调产品品牌）影响产品评价效果进行差异分析。以产品态度为因变量，对强调品牌信息的两个水平进行单因素被试间方差分析，结果显示实验主效应显著，F（1，60）=37.336，P<0.001，强调公司品牌的产品态度平均得分（M=4.68）显著高于强高产品品牌的产品态度评价平均得分（M=3.70）。以购买意向为因变量，方差分析表明主效应显著，F（1，60）=122.151，P<0.001，强调公司品牌的购买意向平均得分

（M＝4.77）显著高于强调产品品牌的产品态度评价平均得分（M＝3.52）。

其次，对G3（同时出现公司品牌和产品品牌，但只强调公司品牌）和G4（同时出现公司品牌和产品品牌，但只强调产品品牌）影响产品评价效果进行差异分析。以产品态度为因变量，对强调品牌信息的两个水平进行单因素被试间方差分析，结果显示实验主效应显著，F（1，61）＝260.840，P＜0.001，强调公司品牌的产品态度平均得分（M＝5.41）显著高于强调产品品牌的产品态度评价平均得分（M＝4.03）。以购买意向为因变量，方差分析表明主效应显著，F（1，61）＝151.334，P＜0.001，强调公司品牌的购买意向平均得分（M＝5.43）显著高于强调产品品牌的产品态度评价平均得分（M＝3.94）。

最后，以G1、G3两组（均强调公司品牌）和G2、G4两组（均强调产品品牌）实验数据进行差异分析。以产品态度为因变量，以强调品牌信息种类（公司品牌和产品品牌）为因素水平进行被试间方差分析，结果显示实验主效应显著，F（1，123）＝130.427，强调公司品牌G1和公司品牌G3两组的产品态度平均得分（M＝5.04）显著高于强调产品品牌G2和产品品牌G4两组的产品态度平均得分（M＝3.87）。以购买意向为因变量，方差分析表明实验主效应显著，F（1，123）＝202.915，强调公司品牌G1和公司品牌G3两组的购买意向平均得分（M＝5.10）显著高于强调产品品牌G2和产品品牌G4两组的购买意向平均得分（M＝3.73）。

从以上的实验结果可知，不论是在产品中只出现一类品牌信息（公司品牌或产品品牌），还是在产品中同时出现两类品牌信息（公司品牌和产品品牌），对于消费者的总体产品评价（产品态度和购买意向）来说，突出公司品牌的影响效应显著大于突出产品品牌的影响效应。从而使H2b得到验证。因此，实验1结果表明，公司品牌和产品品牌对顾客产品评价均具有正向的影响效应，而且，公司品牌的影响效应尤其显著和更加明显。

第三节　本章小结

实验1的结果首先实证了公司品牌和产品品牌对顾客产品评价的正向作用关

系，不但正向影响顾客的产品态度，而且正向影响顾客购买意向。诚如实验所设计，被试评价的产品采用虚拟品牌，一方面避免了现实品牌既有知识产生影响，另一方面使被试处于对“新产品”评价的情境中。因此，实验结果证实了当消费者面对新产品而无其他可以用来评价和决策的线索（cue）或信息时，品牌会成为顾客的重要评价线索。从 Feldman 和 Lynch（1988）的可获得性—可诊断性理论来讲，品牌此时不但成为消费者很容易获得的信息源，而且非常具有诊断性价值，从而使顾客在综合评价中对品牌赋予更多权重。

尤其具有重要意义的是，实验 1 的结果还验证了公司品牌和产品品牌对顾客产品评价影响效果的差异性。也就是说，在其他条件相同的情境下，突出公司品牌对产品态度和购买意向的影响，比突出产品品牌对产品态度购买意向的影响更加显著。Ward 和 Lee（2000）曾通过对在线消费者进行了一项定性研究，发现当顾客进行在线购买决策时，顾客通常依赖品牌名称作为产品信息的替代，并且更多地依靠公司品牌，而非产品品牌进行决策。实验 1 实证了公司品牌比产品品牌对产品评价具有更为显著的影响作用。以往的研究注意到公司品牌和产品品牌是两个不同的载体，并且是顾客形成品牌知识次级联想的重要途径和渠道（Aaker，1996；Keller，2003），而且实证了公司品牌对顾客产品评价的影响（Brown and Dacin，1997；Berens，Riel and Bruggen，2005），而实验 1 在这些研究发现的基础上作了重要推进，即不但实证了公司品牌和产品品牌对顾客产品评价具有正向影响作用，并且实证发现公司品牌和产品品牌对产品评价的影响强度和作用效果存在差异。Feldman 和 Lynch（1988）的可获得性—可诊断性理论依然可对此结果做出解释，即当存在多个用于判断的信息源时，消费者使用了其中一条具有诊断性的信息（公司品牌），即同时意味着放弃或降低其他信息源（产品品牌）的可诊断性价值。

至于为什么公司品牌更容易成为消费者借以依赖的诊断性信息和线索，本书试图进行以下理论解释。通过实验材料，启动了被试对于公司品牌和产品品牌的概念内涵认知，公司品牌具有组织的属性，能带给被试更加广泛的组织联想（Aaker，1996；Keller，2008），能体现作为整个群体的价值理念，满足顾客通过组织而达到自我表达的需求，在消费者心理属于“集体”的认知范畴。然而，产品品牌只具有某一款产品的属性和特点，仅与该产品的质量和价值相关，只能为顾客带来产品的功能性利益联想，在顾客心理是属于“个体”层面。Spencer-

Rodgers 等（2007）通过三个实验对中美被试进行了一项颇有影响的跨文化研究，并在美国人格与社会心理学报（*JPSP*）撰文指出，中国被试更倾向于在群体资格或集体属性的基础上，来推断和认识个人特质，更愿意将群体或集体属性作为判断决策的可获得性信息来源，中国被试更将集体或群体属性的刻板印象加在自己身上。被试这种心理活动过程，在之前的研究中被 Simon 和 Hamilton（1994）称为自我刻板印象化（self-stereotyping）。因此，组织或群体属性对被试存在刻板效应的影响，使被试对于突出具有组织内涵的公司品牌，具有较为明显的偏好和积极的判断，从而形成对产品较高的评价。

在现实中，由于资源的稀缺性和有限性，企业往往面临是优先创建公司品牌还是优先创建产品品牌的选择困惑。显然，实验 1 的研究发现，为企业优先创建公司品牌的实践提供了重要的理论支持。因此，实验 1 最重要的营销启示在于，在当前的中国市场，公司品牌战略占有举足轻重的地位。公司品牌不但能带动产品的销售，还对产品品牌起背书作用。企业在资源有限的条件下，在公司品牌和产品品牌之间的长期建设中，应该优先考虑公司品牌的战略规划。实验 1 结果表明，消费者心中“名门望族”、“名门之秀”和“将出豪门”的思想占据主导性地位。也就是说，顾客在购买决策中，主要遵循“公司→产品”的思维模式。因此，与西方市场不同，中国消费者更直接和紧密地把产品品牌与公司联系在一起。没有公司品牌，产品品牌就失去了生存的土壤。有研究表明，公司品牌对于企业的战略意义更深远，亦更为投资者所关注，公司品牌能同时影响产品相关和非产品相关的领域。因此，本书认为，企业在品牌战略规划中，应该优先建设公司品牌，突出和强化公司品牌战略。另外，已经具有强势公司品牌的企业，在传播策略中应凸显出公司品牌。

综上分析，实验 1 与前人（Brown and Dacin，1997）的相关研究具有同样的发现，即公司品牌对产品评价具有显著的正向作用。实验 1 还通过控制有关变量，实证了公司品牌和产品品牌对产品评价影响的差异性，发现在其他条件相同的情况下，公司品牌比产品品牌对顾客产品评价具有更为显著的正向影响关系。从而为资源有限条件下公司面临公司品牌和产品品牌创建顺序的选择难题，提供了重要的理论支持。

第五章　实验 2：公司认同对公司品牌影响产品评价的调节效应研究

由实验 1 结果可知，在对产品评价的影响中，纵然公司品牌和产品品牌均对产品评价具有正向的影响效应。然而，公司品牌对产品评价的影响效应更为显著，这说明创建公司品牌在实践中具有更重要的意义，应该予以优先分配资源。因此，为了使创建和推广公司品牌的实践具有更加具体的参考策略，对公司品牌影响产品评价的进一步细化和深入理论研究显得更加必要。公司品牌对产品评价的影响关系已得到证实，因此，实验 2 的目的在于研究公司品牌影响产品评价的作用条件和边界，即验证顾客公司认同在公司品牌和产品评价作用关系之间的调节效应。实验 2 的研究步骤与实验 1 类似。

第一节　研究假设与实验方法

一、理论与假设

根据社会认同理论，当个体意识到自己属于特定的社会群体，便会认识到作为群体成员所能共享的情感和价值意义（Tajfel，1978）。因此，个体总是争取积极的社会认同，而这种积极的社会认同是通过在内群体和相关的外群体的比较中获得。当个体通过群体成员资格建立社会身份之后，能够达到提高自尊、降低无常感或提高认知安全感、满足归属感与个性表达的需要（赵志裕、温静和谭俭邦，2005）。为了达到这些目的，社会认同通常具有三个典型历程，即社会分类、社会比较和积极区分（Tajfel，1982）。后来在组织认同研究中发现，如果员工在心理上依附、在态度上认同某个特定组织后，能增加员工对组织的忠诚度（Adler，1987）、降低员工离职率（O'Reilly and Chatman，1986）、促进组织成员的合作精神和公民行为（Bergami and Bagozzi，2000；Dukerich，Golden and Shortell，2002）。

Belch 和 Belch（1987）研究发现，公司和顾客之间在价值体系、理念行为等方面的相近程度，会显著影响顾客的购买行为。Bhattacharya、Rao 和 Glynn（1995）随后也从组织认同（Dutton，Dukerich and Harquail，1994）的相关研究中受到启示，提出将认同现象应用于顾客群体，并研究了顾客认同的前因变量和后向结果，发现强烈的顾客认同能形成企业的持久竞争优势。Bhattacharya 和 Sen（2003），Ahearne 等（2005），Kim、Han 和 Park（2001）进行了认同在营销领域的实证研究，发现顾客对公司产生认同所导致的后向结果包括：对公司更加忠诚、更加愿意为公司进行宣传、更主动推荐新顾客、对公司出现的负面信息具有弹性等。

认知心理学认为，图式（scheme）是一种组织信息的重要方式，用来帮助人们认识和解释世界。Crocker 等（1984）认为人们头脑中存在各种不同的图式，主要分为人的图式、自我图式、角色图式和社会事件图式。对于当前的信息输入，人们总是以头脑中已有的图式加以解释，这种图式作用会影响人们对信息的感知、记忆、推理和行为。Mandler（1986）认为图式一致性（schema congruity）的不同水平，会影响人们的评价和反应。也就是说，图式趋同或者图式一致，将导致积极的反应，原因是在其他条件相同的前提下，人们倾向于喜欢符合预期和能够预测的东西。Meyers-Levy 和 Tybout（1989）进一步发现图式一致性是消费者进行产品评价的重要理论基础，产品及其所属品类之间图式的一致性会影响消费者的信息处理和评价判断。将图式一致性理论应用于探究消费者对自我身份和公司身份两者之间感知一致性的程度，可以推导出：如果消费者对自我身份和公司身份之间感知的一致性程度越高，将对该公司及其产品产生积极的反应和评价；如果对自我身份和公司身份之间感知的一致性程度越低，将对该公司及其产品产生消极的反应和评价。公司认同本质上是顾客对某个特定公司认可的程度，表现为顾客对自我身份和公司身份两者之间感知的重叠性（overlap）和一致性（congruity）。两者之间的重叠越大，说明顾客对公司的认同度越高；反之，则认同度越低。也就是说，根据图式一致性理论，顾客对公司的认同程度高低，则会反向影响产品评价。

由实验 1 的研究结论可知，公司品牌对产品评价具有正向的影响作用。而根据上述逻辑推演可知，对公司认同程度的高低也会影响顾客的产品评价。也就是说，公司品牌对产品评价的影响关系，受到顾客对公司认同程度高低的影响。根据调节变量的定义（James and Brett，1984），如果变量 Y 与变量 X 的关系是变量 M 的函数，则称 M 为调节变量。因此，本书试图以实验法实证顾客公司认同在公司品牌和产品评价之间的调节作用。更确切地说，实验 2 将要验证的假设具体为：

H2：顾客的公司认同度对公司品牌和产品评价之间的影响关系具有调节作用。

H2a：即便公司品牌强，如果顾客对公司的认同度低，那么，顾客对产品的评价也会低。

H2b：即使公司品牌弱，但如果顾客对公司的认同度高，那么，顾客对产品的评价仍然会高。

实际上，实验 2 还有两个容易得到的研究假设，即：

H2c：公司品牌强，顾客对公司的认同度也高，那么，顾客对产品的评价高。

H2d：公司品牌弱，顾客对公司的认同度又低，那么，顾客对产品的评价低。

实验 2 是将公司品牌视为一个整体进行研究，以检验公司认同的调节效应是否存在。即在公司品牌的操作化定义上，本书将采用其两个稳定的结构维度，即公司能力维度和公司社会责任维度，如前文所述，这也是目前在学术界广泛得到认可和经过实证检验的重要结论。

二、实验方法

（一）实验设计

为了验证实验 2 提出的假设，采用 2（公司品牌：强 vs.弱）×2（顾客公司认同：高 vs.低）两因素被试间完全随机实验设计，考察顾客公司认同在公司品牌影响产品评价中的调节作用。被试随机分成四组，参加两个因素的不同水平处理，因此共有四个组，即强公司品牌和高公司认同（T1 组）、强公司品牌和低公司认同（T2 组）、弱公司品牌和高公司认同（T3 组）、弱公司品牌和低公司认同（T4 组）。因变量的测量同实验 1，包括产品态度（感知质量、产品吸引力和产品可靠性）和购买意向。

操作化定义。对于实验 2 中两个因素（即自变量公司品牌和公司认同）不同水平的操控，本书借鉴 Gürhan-Canli 和 Batra（2004）使用过的方法，他们以《福布斯》杂志对消费电子产品行业的公司排名，来操控公司品牌强弱的两个水平。也就是在公司品牌强（弱）的实验条件下，分别告知被试在《福布斯》有关一项公司声誉的调查中，该公司在声誉调查的排名中位居前列（较后）。在阅读完《福布斯》的公司排名清单后，被试对目标公司品牌强（弱）的感知采用李克特 7 点量表打分。在操控性检验中，通过采用方差分析的实验结果发现，公司品牌强（弱）的实验操控非常成功：唯一存在的主效应 $F(1,\ 103) = 7.63$，$P < 0.01$），被试对强（弱）公司品牌感知的平均得分分别为 6.19（强）和 5.27（弱）。因此，实验 2 也将通过这种形式控制两个实验因素的不同水平。

（二）实验材料

实验 2 采用纸笔测试方法进行，在被试阅读完实验 2 的材料（A4 张 1 页）后，完成实验题项、操控性检验题项的选择及个人信息部分的填写。

对于公司品牌两个水平的操控，实验 2 借鉴了 Gürhan-Canli 和 Batra（2004）研究中使用过的方法。具体来讲，本实验材料是模拟《21 世纪经济报道》编撰专题文章，在该文章的第一部分声称推出一项由《21 世纪经济报道》和国际知名品牌咨询机构 Interbrand 联合主办、北京大学光华管理学院、清华大学经济管理学院、中山大学管理学院和南开大学商学院等知名学术机构联合协办的“第六届中国最佳品牌建设评选”活动，并在文章中公布品牌榜单，达到操控公司品牌强弱的目标。在文章的第二部分采用援引《消费者之声》杂志公布有关顾客对该公司认同度的调查报告，从而操控顾客公司认同的两个水平。最后在材料中介绍该公司推出的相关产品，由被试根据材料对产品进行评价。由于是采用双因素被试间完全随机实验设计，因此实验 2 有四个不同版本的实验材料（具体参见附录 B）。实验中被试没有怀疑《21 世纪经济报道》专题文章的真实性，均认为该实验材料是从《21 世纪经济报道》中复印而来。

关于实验材料中的公司行业及品牌。鉴于被试主要为学生群体，为避免既有品牌知识的差异和影响，且考虑产品单价价值等因素，实验 2 虚拟了生产学生背包系列产品的公司“华盛”品牌。经对该品牌名称进行 21 人的预测试，发现“华盛”可以作为生产箱包产品的公司品牌的认可率达到 92.4%，并且由于背包产品的品牌集中度较小，在预调研中让被试填写熟悉的背包品牌，除了阿迪达斯和耐克之外，几乎没有其他品牌。因此，对于材料中虚拟的公司品牌及其产品，在被试看来均具有一定的真实性，可作为实验材料。另外，在预测试中同时还对两个实验因素的不同水平感知进行了前测，发现对于公司品牌两个水平的感知差异明显（M = 6.77 vs. M = 2.05，$t(20) = 18.01$，$P < 0.01$），对于公司认同两个水平的感知差异也非常显著（M = 6.29 vs. M = 3.25，$t(20) = 8.32$，$P < 0.01$）。因此，预测试的分析结果表明，实验 2 材料适于在学生群体中进行正式实验研究。

（三）被试及实验步骤

共有 125 名大学本科学生参加了此次实验（其中男生 66 人，女生 59 人；平均年龄为 20.09 岁）。学生参加本次实验每人可以获得 10 元报酬，整个实验时长约为 25 分钟，采用纸笔方式进行。

125 名被试随机分到四个小组（保证每组至少 30 人）。首先由实验人员告知被试实验目的及任务，并告知他们每人将收到一份从《21 世纪经济报道》上复印的专题文章，要求被试仔细阅读该报道文章。之后，由被试对后面测试因变量的李克特 7 点量表的相关题项进行选择（见表 5–1）。

表 5–1 实验 2 产品评价因变量测项

产品态度（$\alpha = 0.90$）

产品质量
- 我认为该产品非常好
- 我认为该产品的质量非常好
- 与同类产品相比，我认为该产品质量更好
- 我认为该产品带给顾客的好处很多

产品吸引力
- 我认为该产品很具有吸引力
- 我觉得该产品非常合意
- 我认为该产品给人愉悦的感觉

产品可靠性
- 我觉得该产品很可靠
- 我觉得该产品能带给我安全的感觉

购买意向（$\alpha = 0.81$）
- 如果我打算购买背包，我会考虑选择这个产品
- 我会购买该产品
- 如果有朋友打算购买背包，我会建议他（她）购买该产品

注：采用李克特 7 点量表，1= “完全不同意”，7= “完全同意”。

被试在完成有关产品评价（产品质量、产品吸引力和产品可靠性）及购买意向的测项问题之后，实验 2 还设计了操控性检验题，用以检验被试对公司品牌和公司认同的感知。其中两道选题用于检验对公司品牌水平的操控，3 道选题用于检验对公司认同水平的操控。检验公司认同的第 1 道题属于识别性选择题，即该题具有三个选项，用以识别被试是否认真阅读材料，同时启动被试对华盛品牌认同度水平的认知。如果答案选择错误，则该问卷被判为无效处理。实验 2 的操控性检验问题如表 5–2 所示。

表 5–2　实验 2 操控性检验题项

公司品牌水平的操控性检验（r = 0.80）
● 我觉得华盛品牌非常强
● 华盛一定是个知名品牌
公司认同水平的操控性检验（后两题 r = 0.76）
● 上述新闻报道中，《消费者之声》调查的华盛品牌认同度水平是______（A. 90%；B. 25%；C. 65%）
● 与行业的平均水平相比，我也觉得华盛的品牌认同度较高
● 我会认同华盛品牌，并觉得自己属于华盛品牌的大家庭

注：采用李克特 7 点量表，1= “完全不同意”，7= “完全同意”。

在完成操控性检验的测项问题之后，最后由被试填写个人基本信息。至此完成实验 2 的所有步骤。整个实验过程及实验结束后，所有被试中没有人对实验 2 模拟的《21 世纪新闻报道》专题文章的真实性提出怀疑。

第二节　实验结果与假设检验

一、操控检验

在进行操控性检验之前，发现 125 名被试参加实验中，有 6 份问卷在公司认同操控性检验的第 1 道选择题中出现错误，即被认为是没有认真阅读实验材料，因此判为无效问卷处理。因此，实验 2 的最终有效问卷 119 份进入数据分析，分布情况为：T1 组 31 份（强公司品牌和高公司认同）、T2 组 29 份（强公司品牌和低公司认同）、T3 组 30 份（弱公司品牌和高公司认同）以及 T4 组 29 份（弱公司品牌和低公司认同）。

首先，对公司品牌强弱的操控性进行检验。对两个题项的得分取平均值（$r=0.80$），进行方差分析（ANOVA）发现，被试对公司品牌强弱两个水平的认知差异显著，$F(1, 117)=743.604$，$P<0.001$，对强公司品牌认知的平均得分（$M=4.64$）显著高于对弱公司品牌认知的平均得分（$M=1.84$）。这说明实验 2 对公司品牌不同水平的操控是成功的。

其次，对公司认同度高低的操控性进行检验。同样，对检验公司认同度的后两个题项得分进行平均化处理（$r=0.76$），通过方差分析发现，被试对公司认同度高低两个水平的认知差异显著，$F(1, 117)=476.592$，$P<0.001$，被试对公司认同度高的认知平均得分（$M=4.51$）显著高于对公司认同度低的认知平均得分（$M=2.09$）。这说明实验 2 对公司认同度高低水平的操控是成功的。

二、假设检验

实验 2 对因变量的测量仍是参考 Petroshius 和 Monroe（1987）研究中成熟的李克特 7 点量表，因此测项之间的相关性程度较高，理论上可以对分值进行平均化处理。同时，利用 SPSS 13.0 计算实验 2 中因变量各指标测项的 Chronbach's α 值如表 5–3 所示，进一步说明可测量指标的分值可以进行平均化处理。因此，将分别采用产品态度（9 个测项）和购买意向（3 个测项）的得分平均值对顾客的产品评价进行方差分析，并验证有关假设。

表 5–3　实验 2 因变量测量指标的 Chronbach's α 值

<table>
<tr><td colspan="3">产品态度（9）</td><td>购买意向（3）</td></tr>
<tr><td>产品质量（4）</td><td>产品吸引力（3）</td><td>产品可靠性（2）</td><td rowspan="3">0.90</td></tr>
<tr><td>0.93</td><td>0.90</td><td>0.88</td></tr>
<tr><td colspan="3">0.96</td></tr>
</table>

注：括号中为测项数目。

为了考察和验证公司品牌与公司认同两个因素各自的主效应，以及两者之间的交互效应，将分别以产品态度和购买意向作为因变量，对公司品牌和公司认同进行两因素被试间方差分析（two–way between–subject ANOVA）。

分别以产品态度和购买意向为因变量，使用方差分析公司品牌和公司认同的主效应及其交互作用，具体的均值及方差参数据结果如表 5-4 所示。

表 5-4　实验 2 公司品牌与公司认同对产品评价的主效应

公司品牌	公司认同度高		公司认同度低	
	强	弱	强	弱
产品态度	5.02 (0.33)	4.41 (0.34)	2.96 (0.44)	1.84 (0.31)
购买意向	4.86 (0.43)	4.69 (0.35)	3.01 (0.45)	1.83 (0.46)
被试人数	31	30	29	29

注：括号中的数字为标准差。

表 5-5 是以产品态度为因变量、对公司品牌和公司认同进行两因素被试间方差分析的结果。

表 5-5　实验 2 公司品牌与公司认同两因素完全随机实验设计的方差分析结果 1

因变量：产品态度

方差来源	平方和	自由度	均方	F 值	显著水平
校正模型	184.442（a）	3	61.481	472.130	0.000
截距	1505.777	1	1505.777	11563.366	0.000
公司品牌	22.056	1	22.056	169.373	0.000
公司认同	160.027	1	160.027	1228.902	0.000
公司品牌 × 公司认同	1.970	1	1.970	15.127	0.000
误差	14.975	115	0.130		
总和	1733.388	119			
校正总和	199.417	118			

注：a 表示 $R^2 = 0.925$（调整 $R^2 = 0.923$）。

由表 5-5 可以看出，被试对公司品牌和公司认同在产品态度方面均表现出显著的实验主效应，其 F 值分别为：F（1，115）= 169.373 和 F（1，115）= 1228.902，而显著性水平 $P<0.001$；此外，尤其重要的是，公司品牌和公司认同在产品态度方面的交互效应显著，F（1，115）= 15.127，$P<0.001$，也就是说，公司品牌对被试在产品评价方面的作用关系，受到了公司认同的影响。图 5-1 反映了公司品牌和公司认同对产品态度评价的影响效果（平均得分），从图中可以

直观地看出，在公司认同度高的条件下，无论公司品牌强弱，被试在产品态度评价方面的平均得分，都显著地高于公司认同度低条件下的产品评价得分。进一步以产品态度评价为因变量，以公司认同度的高低作为两个水平进行方差分析，发现公司认同度的主效应显著，F（1，117）=486.120，P<0.001，公司认同度高的产品态度平均得分（M=4.72）显著高于公司认同度低的产品态度平均得分（M=2.40）。因此，由图 5-1 可以看出，在产品态度方面，即便公司品牌强，但如果被试对公司的认同度低，那么，被试对产品态度的评价也低（M=2.96）；相反，虽然公司品牌弱，但如果被试对公司的认同度高，那么被试对产品态度的评价仍会高（M=4.41）。因此，这使得实验 2 提出的假设 H2a 和 H2b 在产品态度评价方面得到了证实。当然，公司认同度高的条件下，如果公司品牌也强，则被试对产品态度的评价也高（M=5.02）；反之，当公司认同度低，而公司品牌也弱，则被试对产品态度的评价也低（M=1.84），这使得实验 2 提出的假设 H2c 和 H2d 在产品态度方面得到了验证。

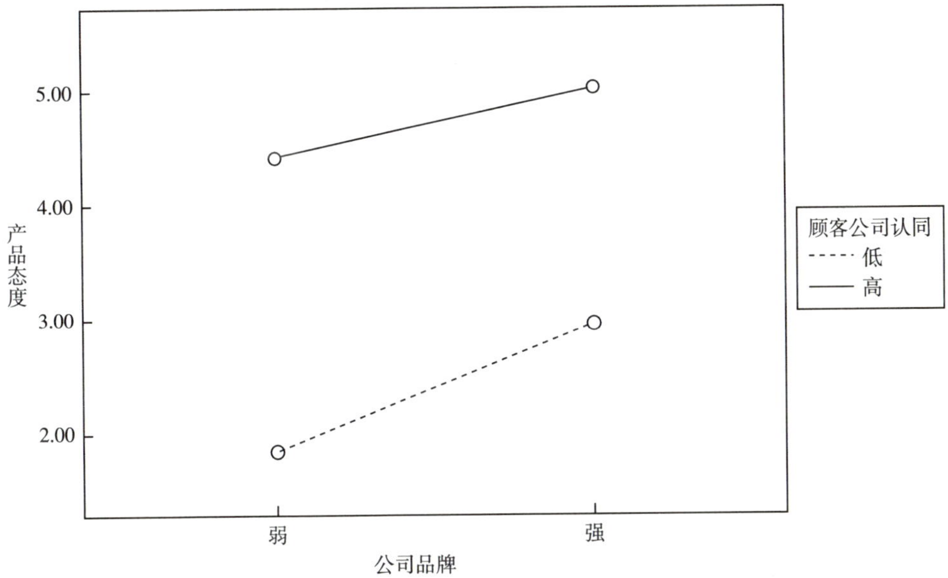

图 5-1　实验 2 公司品牌与公司认同对产品态度影响的交互作用

表 5-6 是以购买意向为因变量，对公司品牌和公司认同进行两因素被试间方差分析的结果。

表 5-6 实验 2 公司品牌与公司认同两因素完全随机实验设计的方差分析结果 2

因变量：购买意向

方差来源	平方和	自由度	均方	F 值	显著水平
校正模型	185.859（a）	3	61.953	345.441	0.000
截距	1538.530	1	1538.530	8578.611	0.000
公司品牌	13.650	1	13.650	76.109	0.000
公司认同	164.869	1	164.869	919.287	0.000
公司品牌×公司认同	7.620	1	7.620	42.488	0.000
误差	20.625	115	0.179		
总和	1772.333	119			
校正总和	206.484	118			

注：a 表示 $R^2=0.900$（调整 $R^2=0.898$）。

由表 5-6 可以看出，被试对公司品牌和公司认同在购买意向方面均表现出显著的实验主效应，其 F 值分别为：F（1，115）=76.109 和 F（1，115）=919.287，而显著性水平 P<0.001；此外，尤其重要的是，公司品牌和公司认同在购买意向上的交互效应显著，F（1，115）=42.488，P<0.001，也就是说，公司品牌对被试在购买意向方面的作用关系，受到了公司认同的影响。图 5-2 反映了公司品牌和公司认同对购买意向的影响效果（平均得分），从图中可以直观地看出，在公司认同度高的条件下，无论公司品牌强弱，被试在购买意向方面的平均得分，都显著地高于公司认同度低的条件下的购买意向得分。进一步以购买意向为因变量，以公司认同度的高低作为两个水平进行方差分析，发现公司认同度的主效应显著，F（1，117）=466.598，P<0.001，公司认同度高的购买意向平均得分（M=4.78）显著高于公司认同度低的购买意向平均得分（M=2.42）。因此，由表 5-4 可以看出，在购买意向方面，即便公司品牌强，但如果被试对公司的认同度低，那么，被试对购买意向的评价也低（M=3.01）；相反，虽然公司品牌弱，但如果被试对公司的认同度高，那么被试对产品购买意向的评价仍会高（M=4.69）。因此，这使得实验 2 提出的假设 H2a 和 H2b 在购买意向评价方面得到了证实。当然，在公司认同度高的条件下，如果公司品牌也强，则被试对产品购买意向的评价也高（M=4.86）；反之，当公司认同度低，而公司品牌也弱，则被试对产品购买意向的评价也低（M=1.83），这使得实验 2 提出的研究假设 H2c 和 H2d 在产品购买意向评价方面得到了验证。

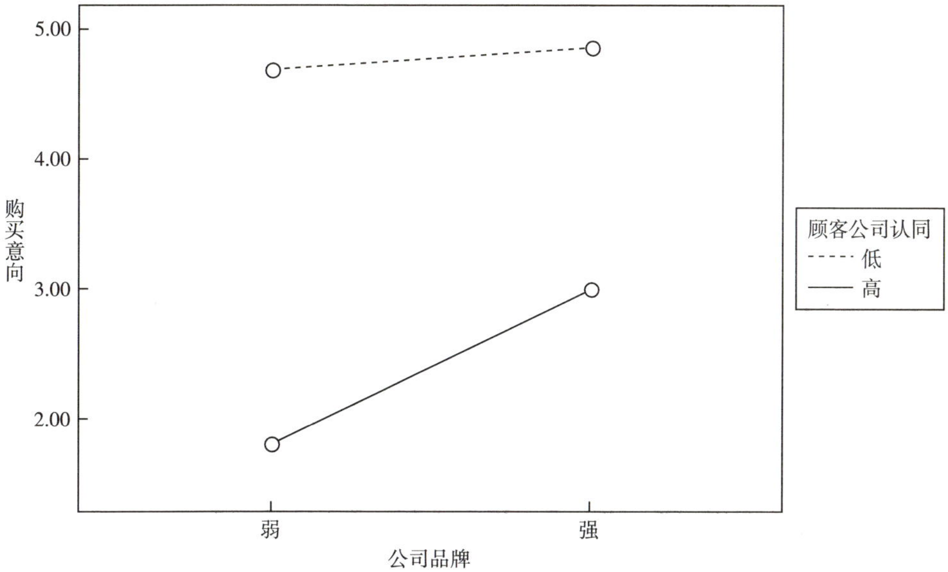

图 5–2　实验 2 公司品牌与公司认同对购买意向影响的交互作用

综合上述数据结果分析可以发现，不论在产品态度评价方面，还是在购买意向评价方面，公司品牌对被试产品的评价，均受到了被试对公司认同度水平的影响。因此，根据调节变量的定义（James and Brett，1984）可知，顾客公司认同是公司品牌和顾客产品评价关系之间的调节因素。也就是说，顾客的公司认同度对公司品牌和产品评价之间的影响关系具有调节效应。这令实验 2 的主体假设得到了验证。

第三节　本章小结

实验 2 的研究结果，首先再次验证了实验 1 中关于公司品牌对顾客产品评价具有正向的影响结论。然而，公司品牌尽管在对顾客产品评价的影响中具有举足轻重的地位，但是诚如本书在文献述评中所指出，在公司品牌影响产品评价的作用关系中，存在一定作用条件和边界。因此，实验 2 的重要主体假设，即公司认同在公司品牌和产品评价之间的调节作用得到证实，这是更加具有重要意义的研究发现。总体上实验 2 的研究发现，具有重要的理论价值和实验意义。

公司品牌对顾客产品评价的影响效果和作用机制，已经得到了众多学者的充分关注和广泛研究，并且先后涌现诸多理论解释。如 Fiske 和 Neuberg（1990）从匹配性理论的角度，认为对于消费者而言，产品与公司品牌两者之间的匹配性程度，会在顾客大脑中形成特定的公司图式（corporate schema），从而影响顾客对产品所属品类的判别和评价。Han 等（1989）从晕轮效应（halo effect）的理论视角，认为顾客对公司和产品的评价，会通过晕轮效应而发生效果转移，从而产生相互的影响。学者们对公司品牌和产品评价两者之间作用的因果机制研究（cause mechanism），实际上是回答公司品牌对产品评价的作用条件和作用边界。因此，营销因素（如公司品牌战略、产品特点等）先后作为调节变量得到了关注和研究（如 Berens 等，2007），这对公司品牌影响产品评价的作用边界研究起到了推动作用。然而，这些调节因素无法解释发生在强势公司品牌"殃及池鱼"（如"万科"事件）的现象，也就是说，对于有些强（弱）势公司品牌，其营销性质的品牌战略或产品特点并未作任何变化，而顾客对其产品评价却出现波动和异常。社会认同理论（Brewer，1991；Tajfel and Turner，1985）在组织行为学领域得到交叉研究并获得丰富发展（Bergami and Bagozzi，2000；Dutton et al.，1994）之后，营销学者（Bhattacharya et al.，1995；Bhattacharya and Sen，2003）先后研究了公司认同的内涵、前置变量及后向结果，从而丰富了认同理论的应用和发展。实验 2 的研究结果表明公司认同在公司品牌和产品评价之间起到了重要的调节作用，这说明顾客对一个公司的认同，会显著影响顾客的产品态度和购买行为。

本章试图从社会认同理论、图式一致性理论和品牌价值感知理论三个方面解释实验 2 的结果。

首先，社会认同在消费者行为中具有关键的影响作用。Tajfel（1982）提出社会认同是由社会分类、社会比较和积极区分三个基本历程构成，群体间的分类、比较是群体成员区分彼此而获得认同的重要手段，并且通过这三个历程达到满足个体获得积极自尊和表达自我的需要。将该逻辑运用于消费行为情境，为了获得社会参照群体的认可，顾客需要在"甄别"的基础上对公司进行分类比较，而选择一个能实现自我提升（enhancement）的公司或行业，使自己具备该公司的"标签"，从而将公司附随的正面刻板印象加于自身（如注重环境保护、热心公益事业等），实现自我刻板印象化（self-stereotyping）。因此，从社会认同的视角而言，顾客对公司的认同感则成为产品评价过程中重要的考虑因素，从而影响顾客的产品评价和购买意向。Berger 和 Heath（2007）也从“认同发射”视角（identity-signaling perspective）实证研究了消费者对产品的选择，发现顾客通常是选择能够有效表达和传递他们心目中理想身份认同的产品，以使自己与众不同。这与实验 2 的结果一致，即对公司的认同成为影响消费者产品选择和自我表达的重要作用条件。

其次，图式一致性（schema congruity）是顾客进行产品评价的重要理论基础。在其他条件相同的前提下，人们青睐符合预期和能够预测的东西，也就是如果图式趋同或者图式一致，将导致积极的反应（Mandler，1986）。因此，当消费者感知公司的价值理念与自己的价值体系趋同或一致时，亦即个人特征和公司特征重叠部分较大（即顾客公司认同度高），则会对该公司形成良好的态度和积极的反应。在“晕轮效应”的作用下，顾客对公司形成的良好感知则转移到该公司所提供的产品或服务中，从而使顾客形成积极的产品评价和较高的购买意向，产生现实中“爱屋及乌”的现象。相反，则出现“殃及池鱼”的情况。Meyers-Levy 和 Tybout（1989）也在研究中发现图式一致性是消费者进行产品评价的重要基础，产品及其所属品类之间图式的一致性程度，会影响消费者的信息处理过程和评价判断结果。

最后，消费者在对品牌感知价值的效用追求中，象征性价值是重要的不可忽视的部分。品牌感知价值是消费者对品牌所具有的功能利益和情感利益的综合评价（Park et al.，1986；Keller，2001）。功能性价值（functional value）依附于产品的物理属性，强调品牌的功能表现和解决问题的能力，可满足消费者生理、安全需要；象征性价值（symbolic value）源于产品的非物理属性，涉及该品牌使用者的整体形象，体现了潜在的社会认同、自我表现、交际与自尊需求，这是消费者认同的、能流露在外并得到他人认可的外显性价值。有学者（王长征，2011）指出象征性消费的主要动机是以消费者自我的需求和目标为导向的，并且消费者会持续地构建和发展自我形象。于春玲等（2005）在一项针对中国不同区域消费者品牌忠诚驱动因素差异的实证研究中发现，在现代性水平较高的北京和上海，以及广东、江苏、浙江等区域，象征性或体验性价值是驱动消费者品牌忠诚的主要因素。因此，当消费者在评价产品超越其功能属性时，提供该产品的公司形象或公司所象征的含义是否能表达消费者形象或个性，也就是消费者是否认同该公司则成为顾客评价产品和产生购买意向的主要影响因素。

实验 2 的研究发现具有重要的理论意义。首先，实证公司认同在公司品牌和产品评价之间的调节效应，是对公司品牌影响产品评价作用条件和边界研究的进一步拓展和深化。原因是本研究引入了具有社会心理学、组织行为学和营销学交叉学科性质的重要构念，从而突破了此前囿于营销领域探索调节因素的框架。其次，拓宽了社会认同理论及组织认同研究成果的应用领域和范围。实验 2 在前人研究（Bhattacharya and Sen，2003；Ahearne et al.，2005；Kim et al.，2001；等）的基础上，进一步推动了公司认同的有关研究，不但强化了它在营销学领域的重要地位，而且拓宽了社会认同理论的应用范围。

实验 2 的研究结论对于营销实践也具有重要的指导作用。首先，从理论实证的角度解释了营销实践中“爱屋及乌”和“殃及池鱼”的典型现象。这使营销者认识到，强势的公司品牌固然重要，然而这不能充分保证带来顾客良好的产品评价。因此，在营销实践中，除了创建强势的公司品牌之外，更重要的是注重培养顾客对公司的认同，构建更多与消费者具有“共性”的价值理念。例如，通过建设品牌社区，一方面真正了解消费者，另一方面通过品牌社区形成公司和顾客之间的互动，产生更高的顾客公司认同，培养顾客忠诚。并且在品牌公众（brand public）逐渐凸显的情况下，顾客与品牌的关系更加松散、更加短暂、更加缺乏结构化（Adam and Alessandro，2016），构建更多、更明显的“共性”，更能捕捉顾客眼球，使其形成顾客公司认同。其次，在一定条件下，培育公司认同比创建公司品牌更加具有价值，尤其对于实现公司近期目标而言。实验 2 的研究结论表明，即便公司品牌弱，但如果公司认同较高，依然能使顾客产生较高的产品评价和购买意向。创建公司品牌是一项长期的事业，也需要更多的公司资源，因此，在创建公司品牌的长期战略规划中，更应该注重顾客对公司认同的培育。在这方面，国外一些公司的经验和做法很值得借鉴，如美体小铺（body shop）、哈雷—戴维森（Harley-Davidson）等，这些公司在创建之初，都名不见经传，但通过一直致力于构建顾客认同，如今不但具有强势的公司品牌，而且能保持较高的顾客认同。

综上分析，实验 2 是在实验 1 研究发现的基础上做了重要的推动性研究，因此，通过这两个实验研究，不但从理论上实证和解释了公司品牌（相较于产品品牌）对产品评价具有更加显著的影响作用，而且进一步发现，顾客对公司认同的程度，对公司品牌影响产品评价具有显著和重要的调节作用。既有的研究发现，公司品牌具有公司能力和公司社会责任两个稳定的结构维度，纵然这两个实验发现公司品牌比产品品牌更加重要，顾客公司认同对公司能力具有显著的调节作用，然而，为了使营销启示更具有可操作性，因此，有必要对公司品牌的两个维度进行研究。因此，本书第六章将分别研究公司能力、公司社会责任与产品评价之间的影响关系，并验证公司认同是否对这两个维度具有均衡的调节效应，从而利于制定更加具体的品牌战略和营销策略。

第六章　实验 3 与实验 4：公司认同对公司品牌不同维度影响产品评价的调节效应研究

本书实验 1 验证了公司品牌（相较产品品牌）对产品评价影响的效应更为显著，实验 2 进一步研究了公司品牌影响产品评价的作用边界和条件，发现公司认同具有显著的调节效应。实验 1 和实验 2 的研究发现，从理论上解释了优先创建公司品牌的原因，但同时又指出公司品牌影响顾客产品评价具有一定的条件。那么，在营销实践中，具体如何创建和推广公司品牌呢？由于实验 2 对公司品牌的操作化定义是采用公司整体性概念（通过公司排行榜操控），因此，尚不能对创建公司品牌的具体行为（如怎样规划公司社会责任，或者公司能力也受公司认同的调节影响吗）进行研究。此外，顾客对公司的认同对公司品牌的不同维度是否具有均衡的调节效应呢？这是前两个实验研究没有回答的问题。而对这两个问题的回答对于创建公司品牌实践却具有重要的意义。因此，为了使创建公司品牌的策略在营销实践中更具有操作性和参考性，本章将对公司品牌的两个维度（公司能力和公司社会责任）进行操作化定义，研究公司能力和公司社会责任在影响产品评价关系中公司认同的调节作用。

第一节　研究假设与实验方法

一、理论与假设

综合学者们（Spector，1961；Brown and Dacin，1997；Sen and Bhattacharya，

2001；Keller，2003；Gürhan-Canli and Batra，2004；等等）关于公司品牌维度及其测量的实证研究，尽管在不同研究中公司品牌维度有所差异，但公司能力和公司社会责任始终是公司品牌中稳定的重要结构维度（吴水龙等，2009）。因此，本书在对公司品牌影响顾客产品评价的进一步深化研究中，将直接对公司品牌两个维度进行操作化定义，分析其主效应及可能存在的调节效应。

由于公司能力和公司社会责任属于公司品牌的主要结构维度，因此，本研究假设顾客公司认同对两个维度和产品评价之间影响关系具有调节效应的理论逻辑，与实验 2 的推演过程相同。

阐述研究顾客公司认同分别对公司品牌两个不同维度与产品评价影响关系调节效应的理论必要性，是进行实验 3 和实验 4 研究的关键和重点。本书认为，除了第六章导言部分所阐述的实践价值外，分别研究公司认同在两个维度和产品评价之间的调节效应还具有以下理论依据。

首先，公司能力和公司社会责任两个构念之间在理论上不具有相关性。这也是能分别对两个维度进行实证研究的必要条件，否则两者之间会因为具有交互影响而不能分开研究。Brown 和 Dacin（1997）通过实证研究，认为公司社会责任与公司能力两者之间没有直接关系。公司能力是指企业在制造产品和提供服务方面的专业化水准和程度。如果公司在同行业内拥有领先的相关技术，消费者对该公司的产品或服务则更具有信心。公司社会责任是指企业在重要社会性问题（如环境保护、社会捐助、慈善事业及社区建设等）所表现的品德和行为。因此，两者具有不同的概念内涵，在理论上存在显著差异。

其次，公司能力和公司社会责任对顾客产品评价的影响效果不同，并且具有不同的影响机制和作用路径。Brown 和 Dacin（1997）经研究发现，公司能力方面的联想是通过对产品具体属性的感知和公司整体性评价来影响产品评价，而公司社会责任方面的联想则仅仅是通过公司整体性评价来影响产品评价。公司能力维度总体上比公司社会责任维度对产品评价的影响更大（公司能力 $\beta=0.38$，$P<0.05$；公司社会责任 $\beta=0.24$，$P<0.05$）。因此，可以看出，公司能力通过产品属性感知和公司整体两条路径对产品评价产生影响，而公司社会责任只是通过对公司整体性感知产生影响。Berens 等（2005）在研究公司品牌战略影响公司品牌和产品态度之间的关系时，发现公司能力和公司社会责任在不同品牌战略下具有不均衡的影响效果。Biehal 和 Sheinin（2007）在考察公司品牌信息对产品组合的影

响时，也发现公司能力相关的信息比公司社会责任信息更容易转移到产品组合中。因此，顾客对公司的认同，在公司能力和公司社会责任与产品评价之间可能具有不同的调节效应。

再次，在理论研究方面，公司能力和公司社会责任已经以研究构念的形式，单独出现在诸多重要研究文献和跨学科（如经济学、营销学和会计学等）的研究中。如 Sen 和 Bhattacharya（2001）深度研究了公司社会责任对顾客购买行为的影响，考察了公司社会责任能产生作用的具体条件、方式以及种类。有学者基于数据分析，对 1993~1994 年美国国有银行的公司社会责任与财务绩效关系进行了研究，发现两者之间存在积极的正相关关系。公司社会责任与财务绩效关系研究的兴起和发展，无疑为公司社会责任思想和行为提供有力证据（Donna et al., 1995）。国内学者也先后从公司社会责任测评体系（金立印，2006）、公司社会责任与企业价值的关系（李正，2006）、与消费者购买意向的关系（周祖城和张漪杰，2007；周延风等，2007）以及基于利益相关者视角与财务绩效的关系（温素彬和方苑，2008）等视角进行了实证研究。对于公司能力构念的研究，不仅与公司社会责任同时出现在公司品牌的研究文献中（Brown and Dacin，1997），学者还对公司能力的内涵界定和操作化定义进行了不同探讨，如 Keller 和 Aaker（1992）认为公司能力主要体现为企业的技术创新水平；Goldberg 和 Hartwick（1990）则提出把公司各个方面的综合成就理解为公司能力；Keller 和 Aaker（1992）还认为顾客能感知的企业专长技术，主要构成公司能力。

最后，由于公司能力和公司社会责任两者在理论内涵上存在差异，因此创建公司品牌的理论依据不同。公司能力主要体现企业提供产品和服务的专业化程度和水准，主要关系到企业的价值链系统，更多地与技术研发、生产制造和营销服务等核心环节有关；而公司社会责任的理论背景则是生态价值链体系，不但与公司内部相关，更多的还与整个社会利益攸关者具有重要关系。可见，公司能力的培育主要与企业自身相关，而公司社会责任的构建关系到所有利益攸关者。因此，公司能力主要是得到营销学界的研究，而公司社会责任则受到经济学、会计学和营销学等交叉学科的关注。

基于上述理论分析，本研究拟通过实验法分别验证公司认同在公司能力与产品评价之间、公司社会责任与产品评价之间的调节效应和影响关系，具有理论上的可行性和合理性。

因此，本章提出以下假设：

H3：公司认同对公司社会责任和产品评价之间的影响关系具有调节作用。

H4：公司认同对公司能力和产品评价之间的影响关系具有调节作用。

更具体地说，可以将上述假设扩展为：

H3a：顾客对公司认同度高，如果公司社会责任评价高，则顾客对公司的产品评价就高；

H3b：顾客对公司认同度高，即便公司社会责任评价低，那么顾客对公司的产品评价也不会受到公司社会责任低的负面影响；

H3c：顾客对公司认同度低，那么即便公司社会责任评价高，则顾客对公司的产品评价也不会高；

H3d：顾客对公司认同度低，公司社会责任评价也低，则顾客对公司的产品评价也低。

对研究假设 H4 进一步扩展为：

H4a：顾客对公司认同度高，如果公司能力强，则顾客对公司的产品评价也高；

H4b：顾客对公司认同度高，即便公司能力弱，那么顾客对公司的产品评价也不会受到公司能力弱的负面影响；

H4c：顾客对公司认同度低，那么即便是公司能力强，则顾客对公司的产品评价也不会受到公司能力强弱的负面影响；

H4d：顾客对公司认同度低，如果公司能力弱，则顾客对公司的产品评价也低。

因此，为了验证上述假设，将在本章设计两个实验分别进行研究。

二、实验方法

（一）实验设计

为验证本研究所提出的假设 H3（实验 3）和 H4（实验 4），分别采用 2（公司社会责任：强 vs.弱）×2（顾客公司认同：高 vs.低）和 2（公司能力：强 vs.弱）×2（顾客公司认同：高 vs.低）的两个双因素被试间完全随机实验设计，以考察顾客公司认同分别在公司能力、公司社会责任影响产品评价中的调节效应。在两次实验中，被试都是随机分成四组，参加两个因素的不同水平处理，因此各有四个组。实验 3 中的四个组是：强公司社会责任和高公司认同（S1 组）、强公司社会责任和低公司认同（S2 组）、弱公司社会责任和高公司认同（S3 组）、弱公司社会责任和低公司认同（S4 组）。实验 4 中的四个组分别是：强公司能力与高公司认同（A1）、强公司能力与低公司认同（A2）、弱公司能力与高公司认同（A3）和弱公司能力与低公司认同（A4）。此两次实验的因变量设置与前两个实验研究一样，包括产品态度（感知质量、产品吸引力和产品可靠性）和购买意向。

（二）实验材料

两次实验均采用纸笔方式进行。即由被试在阅读完有关实验材料后，完成因变量测项、操控性检验题项及个人信息部分的选择和填写。

两次实验材料均是在实验 2 材料的基础上进行修改。具体来讲，表现为两大方面：一方面是实验材料保持不变的部分，包括：①实验材料中的公司品牌和产品品牌的虚拟品名。②对公司认同因素高低水平的操控材料和方法。另一方面是进行修改的部分，包括：①另一实验因素不同水平的操控方法。在实验 2 的研究中是采用公司排行榜的方式，控制公司品牌的强弱。本研究是采用 Brown 和 Dacin（1997）的方法，即通过在文字材料启动被试对公司能力或公司社会责任不同水平的认知。②在实验 3 材料中通过对公司社会责任内涵的描述和说明，操控公司社会责任高与低的两个水平。③在实验 4 材料中通过对公司能力内涵的描述和说明，操控公司能力强与弱的两个水平。实验 3 和实验 4 的具体实验材料参见附件 C 和附件 D。

为了保证对公司社会责任和公司能力不同水平操控的成功，正式实验之前，进行了前测。发现对于公司社会责任两个水平的感知差异显著（$M = 6.53$ vs. $M = 2.17$，$t(21) = 17.26$，$P < 0.01$），对于公司能力两个水平的感知差异也非常显著（$M = 6.38$ vs. $M = 2.57$，$t(20) = 10.14$，$P < 0.01$）。因此，前测结果表明，实验 3 和实验 4 中实验材料修改部分对公司社会责任和公司能力的操控可行，适于进行正式实验研究。

（三）被试及实验步骤

实验 3 和实验 4 分别在两个时间段进行。实验 3 中共有 131 名大学本科生参加（其中男生 72 人，女生 59 人；平均年龄为 21.01 岁），本次实验是作为获得某门课程学分中平时考核成绩的重要组成部分，凡参加此次实验的学生可以获得该部分平时成绩。实验 4 中共有 126 名大学本科生参加（其中男生 67 人，女生

69 人；平均年龄为 20.37 岁），参加实验 4 的学生每人可获 10 元报酬。两次实验中，被试均是随机分到实验组中，并且保证每组为 30 人左右。实验 3 和实验 4 的时长均为 25 分钟。

实验 3 和实验 4 的步骤和实验 2 中的实验步骤相同，在此不予赘述。因变量测项和实验 2 相同。

被试完成因变量题项之后，在实验 3 和实验 4 中均设计了操控性检验题项，其中对于公司认同的检验与实验 2 类似。因此，实验 3 和实验 4 的操控性检验题项具体如表 6–1 所示。

表 6–1　实验 3 和实验 4 操控性检验题项

实验 3 中公司社会责任水平的操控性检验题项（r = 0.70）
● 我认为华盛公司是一个具有社会责任感的企业
● 华盛公司对社会贡献很大
实验 4 中公司能力水平的操控性检验题项（r = 0.85）
● 我认为华盛公司的技术先进、设备精良
● 华盛公司的专业化程度很高
公司认同水平的操控性检验（后两题实验 3 中 r = 0.72；实验 4 中 r = 0.82）
● 上述新闻报道中，《消费者之声》调查的华盛品牌认同度水平是______（A. 90%；B. 25%；C. 65%）
● 与行业的平均水平相比，我也觉得华盛的品牌认同度较高
● 我会认同华盛品牌，并觉得自己属于华盛品牌的大家庭

注：采用李克特 7 点量表，"1 = 完全不同意"，"7 = 完全同意"。

第二节　实验结果与假设检验

一、操控检验

首先，通过公司认同操控性检验的第一道选择性题目剔除无效问卷。经过仔细核对和排查问卷，发现实验 3 中有 7 份问卷出现选择错误，实验 4 中有 5 份问卷出现选择错误，因此，剔除无效问卷后，最后进入数据分析的有效问卷分别为 124 份（实验 3）和 121 份（实验 4）。实验 3 有效问卷的分布情况为：S1 组 32 份（强公司社会责任和高公司认同）、S2 组 31 份（强公司社会责任和低公司认同）、S3 组 29 份（弱公司社会责任和高公司认同）以及 S4 组 32 份（弱公司社会责任和低公司认同）。实验 4 有效问卷的分布情况为：A1 组 31 份（强公司能力与高公司认同）、A2 组 29 份（强公司能力与低公司认同）、A3 组 30 份（弱公司能力与高公司认同）以及 A4 组 31 份（弱公司能力与低公司认同）。

实验 3 的操控性检验。首先，对公司社会责任高低两个水平的操作性进行检验分析，对两个题项的得分取平均值（$r=0.70$），进行方差分析发现，被试对公司社会责任高低两个水平的认知差异显著，$F(1,\ 122)=486.001$，$P<0.001$，对公司社会责任高水平认知的平均得分（$M=4.48$）显著高于对公司社会责任低水平认知的平均得分（$M=2.36$）。这说明实验 3 成功操控了公司社会责任高低的两个水平。其次，对公司认同度高低的操控性进行检验。同样，对检验公司认同度的后两个题项得分进行平均化处理（$r=0.72$），通过方差分析发现，被试对公司认同高度高低两个水平的认知差异显著，$F(1,\ 122)=459.486$，$P<0.001$，被试对公司认同度高的认知平均得分（$M=4.27$）显著高于对公司认同度低的认知平均得分（$M=2.28$）。这说明实验 3 对公司认同度高低水平的操控是成功的。

实验 4 的操控性检验。首先，对公司能力高低两个水平的操控性进行检验分析，对 2 个题项的得分取平均值（$r=0.85$），进行方差分析发现，被试对公司能力高低两个水平的认知差异显著，$F(1,\ 119)=1247.153$，$P<0.001$，对公司能力高水平认知的平均得分（$M=4.91$）显著高于对公司能力低水平认知的平均得分（$M=1.70$）。这说明实验 4 对公司能力高低水平的操控是成功的。其次，对公司认同度高低的操控性进行检验。在对检验公司认同度的后 2 个题项的得分进行平均化处理（$r=0.82$）后，通过方差分析发现，被试对公司认同高度高低两个水平的认知差异显著，$F(1,\ 119)=950.073$，$P<0.001$，被试对公司认同度高的认知平均得分（$M=4.74$）显著高于对公司认同度低的认知平均得分（$M=1.71$）。这说明实验 3 对公司认同度高低水平的操控是成功的。

综上分析，实验 3 和实验 4 对实验因素不同水平的操控是成功的，被试对各因素的不同水平感知到了显著性的差异。

二、假设检验

（一）检验顾客公司认同在公司社会责任和产品评价之间的调节效应（实验 3）

首先，实验 3 对因变量的测量仍是参考 Petroshius 和 Monroe（1987）研究中成熟的李克特 7 点量表，因此测项之间的相关性程度较高，理论上可以对分值进行平均化处理。同时，利用 SPSS 13.0 计算实验 3 中因变量各指标测项的 Chronbach's α 值如表 6–2 所示，这进一步说明了可测量指标的分值可以进行平均化处理。因此，将分别采用产品态度（9 个测项）和购买意向（3 个测项）的得分平均值对顾客的产品评价进行方差分析，并验证有关假设。

表 6–2 实验 3 中因变量测量指标的 Chronbach's α 值

产品态度（9）			购买意向（3）
产品质量（4）	产品吸引力（3）	产品可靠性（2）	**0.96**
0.95	0.94	0.89	
0.97			

注：括号中为测项数目。

其次，验证实验 3 所提出的主体假设。为了考察和验证公司社会责任与公司认同两个因素各自的主效应，以及两者之间的交互效应，分别以产品态度和购买意向的得分平均值作为因变量，对公司社会责任和公司认同进行两因素被试间方差分析，各组在产品态度和购买意向的得分均值及标准差参数如表 6–3 所示。

表 6–3 实验 3 中公司社会责任与公司认同对产品评价的主效应

公司社会责任	公司认同度高		公司认同度低	
	强	弱	强	弱
产品态度	5.16 (0.26)	4.57 (0.24)	2.66 (0.35)	1.55 (0.18)
购买意向	5.38 (0.43)	4.80 (0.35)	2.63 (0.34)	1.23 (0.25)
被试人数	32	29	31	32

注：括号中的数字为标准差。

表 6–4 是以产品态度为因变量、对公司社会责任和公司认同进行两因素被试间方差分析的结果。由表 6–4 可以看出，被试对公司社会责任和公司认同在产品态度方面均表现出显著的实验主效应，其 F 检验值分别为：$F(1, 120) = 313.265$ 和 $F(1, 120) = 3345.063$，显著性水平 $P < 0.001$；此外，公司社会责任和公司认同在产品态度评价的交互效应显著，$F(1, 120) = 30.170$，$P < 0.001$，也就是说，公司社会责任对被试在产品评价方面的作用关系，受到了来自顾客对公司认同程

度高低的影响。

表 6-4 实验 3 中公司社会责任与公司认同两因素完全随机实验设计的方差分析结果 1

因变量：产品态度

方差来源	平方和	自由度	均方	F 值	显著水平
校正模型	265.201（a）	3	88.400	1250.935	0.000
截距	1503.172	1	1503.172	21271.111	0.000
公司社会责任	22.138	1	22.138	313.265	0.000
公司认同	236.387	1	236.387	3345.063	0.000
公司社会责任 × 公司认同	2.132	1	2.132	30.170	0.000
误差	8.480	120	0.071		
总和	1762.306	124			
校正总和	273.681	123			

注：a 表示 $R^2 = 0.969$（调整 $R^2 = 0.968$）。

图 6-1 反映了公司社会责任和公司认同对产品态度评价的影响效果（平均得分），从图中可以直观地看出，在公司认同度高的条件下，无论公司社会责任强弱，被试在产品态度评价方面的平均得分，都显著地高于公司认同度低条件下的产品态度得分。进一步以产品态度评价为因变量，以公司认同度的高低作为两个

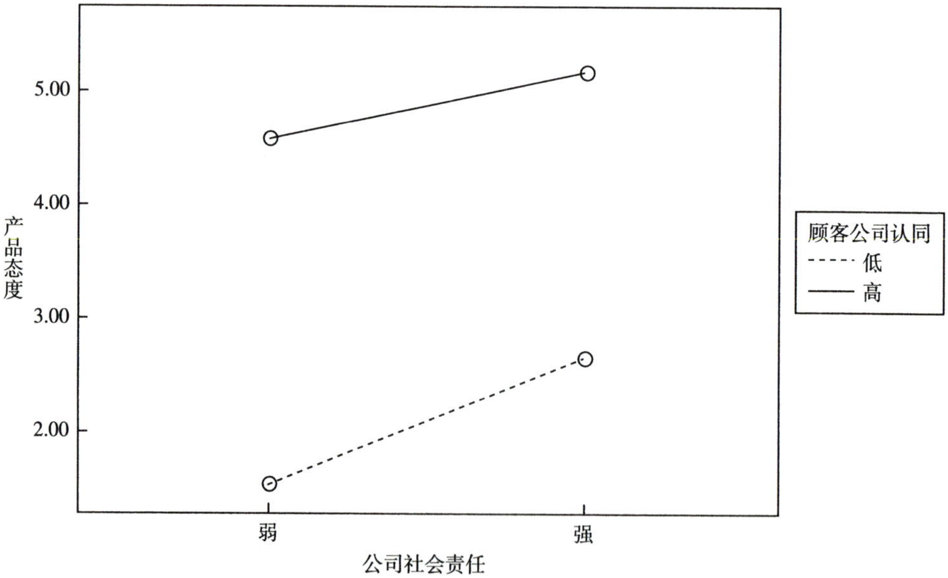

图 6-1 实验 3 中公司社会责任与公司认同对产品态度影响的交互作用

水平进行方差分析，发现公司认同度的被试间主效应显著，F（1，122）= 889.989，P<0.001，公司认同度高的产品态度平均得分（M=4.88，n=61）显著高于公司认同度低的产品态度平均得分（M=2.10，n=63）。因此，由图 6-1 可以看出，在产品态度方面，即便公司社会责任强，但如果被试对公司的认同度低，那么，被试对产品态度的评价也低（M=2.66）；相反，虽然公司社会责任水平低，但如果被试对公司的认同度高，那么被试对产品态度的评价仍会高（M=4.57）。因此，这使得实验 3 提出的假设 H3b 和 H3c 在产品态度评价方面得到了证实。当然，公司认同度高的条件下，如果公司社会也强，则被试对产品态度的评价也高（M=5.16）；反之，当公司认同度低，而公司社会责任评价也低，则被试对产品态度的评价更低（M=1.55），这使得实验 3 提出的假设 H3a 和 H3d 在产品态度方面得到了验证。

表 6-5 是以购买意向为因变量，对公司社会责任和公司认同进行两因素被试间方差分析的结果。由表 6-5 可以看出，被试对公司社会责任和公司认同在购买意向方面均表现出显著的实验主效应，其 F 值分别为：F（1，120）=307.360 和 F（1，120）=3141.359，显著性水平 P<0.001；此外，可以看出，公司社会责任和公司认同在购买意向上存在显著的交互效应，F（1，120）=54.883，P<0.001，也就是说，公司社会责任对被试在购买意向方面的作用关系，受到了来自顾客对公司认同程度的影响。

表 6-5　实验 3 中公司社会责任与公司认同两因素完全随机实验设计的方差分析结果 2

因变量：购买意向

方差来源	平方和	自由度	均方	F 值	显著水平
校正模型	350.075（a）	3	116.692	1187.601	0.000
截距	1525.917	1	1525.917	15529.616	0.000
公司社会责任	30.201	1	30.201	307.360	0.000
公司认同	308.665	1	308.665	3141.359	0.000
公司社会责任 × 公司认同	5.393	1	5.393	54.883	0.000
误差	11.791	120	0.098		
总和	1869.222	124			
校正总和	361.866	123			

注：a 表示 $R^2=0.969$（调整 $R^2=0.967$）。

图 6-2 反映了公司社会责任和公司认同对购买意向的影响效果（平均得分），从图中可以直观地看出，在公司认同度高的条件下，无论公司社会责任强弱，被试在购买意向方面的平均得分，都显著地高于公司认同度低条件下的购买意向得分。进一步以购买意向为因变量，以公司认同度的高低作为两个水平进行方差分析，发现公司认同度的被试间主效应显著，F（1，122）=800.926，P<0.001，公司认同度高的购买意向平均得分（M=5.10，n=61）显著高于公司认同度低的购买意向平均得分（M=1.92，n=63）。因此，由表 6-3 可以看出，在购买意向方面，即便公司社会责任强，但如果被试对公司的认同度低，那么，被试对购买意向的评价也低（M=2.63）；相反，虽然公司社会责任评价低，但如果被试对公司的认同度高，那么被试对产品购买意向的评价仍会高（M=4.80）。因此，这使得实验 3 提出的假设 H3b 和 H3c 在购买意向评价方面得到了证实。当然，公司认同度高的条件下，如果公司社会责任也强，则被试对产品购买意向的评价也高（M=5.38）；反之，当公司认同度低，而公司社会责任也弱，则被试对产品购买意向的评价也低（M=1.23），这使得实验 3 提出的研究假设 H3a 和 H3d 在产品购买意向评价方面得到了验证。

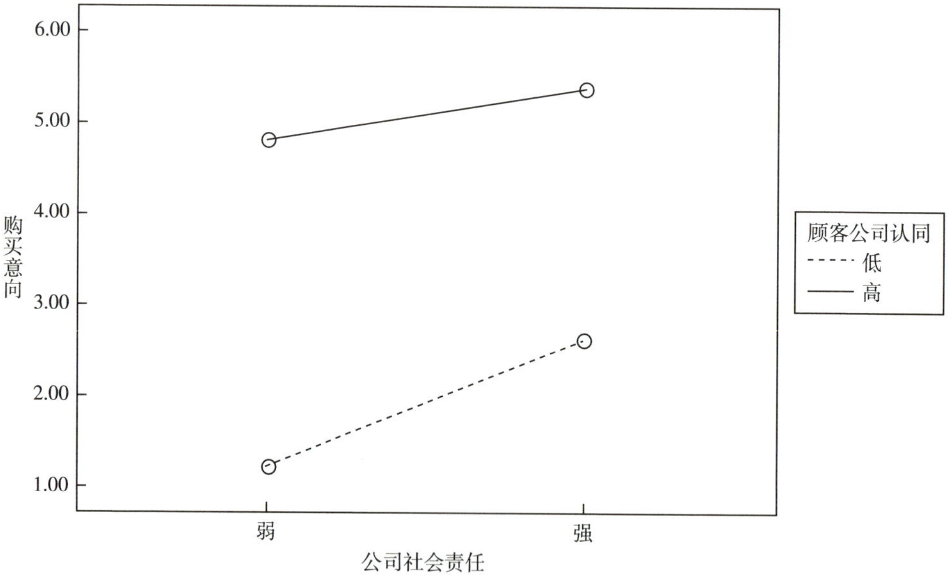

图 6-2　实验 3 中公司社会责任与公司认同对购买意向影响的交互作用

综合上述数据结果分析发现，不论在产品态度评价方面，还是在购买意向评价方面，公司社会责任对被试产品评价的影响，均受到了被试对公司认同度水平的影响。因此，根据调节变量的定义（James and Brett，1984）可知，顾客公司认同是公司社会责任和顾客产品评价关系之间的调节因素。也就是说，顾客的公司认同度对公司社会责任和产品评价之间的影响关系具有调节效应。这令实验 3 的主体假设得到了验证。

（二）检验顾客公司认同在公司能力和产品评价之间的调节效应（实验 4）

首先，利用 SPSS 13.0 计算实验 4 中因变量各指标测项的 Chronbach's α 值如表 6-6 所示，据此对测量指标的分值进行平均化处理。因此，将分别采用产品态度（9 个测项）和购买意向（3 个测项）的得分平均值对顾客的产品评价进行方差分析，并验证有关假设。

表 6-6　实验 4 中因变量测量指标的 Chronbach's α 值

产品态度（9）			购买意向（3）
产品质量（4）	产品吸引力（3）	产品可靠性（2）	
0.96	0.96	0.93	**0.96**
0.95			

注：括号中为测项数目。

其次，对实验 4 所提出的主体假设进行验证。为了考察公司能力与公司认同两个因素的主效应，以及两者之间的交互作用，分别以产品态度和购买意向得分平均值作为因变量，对公司能力和公司认同进行两因素被试间方差分析，各组因变量指标得分均值及标准差参数如表 6-7 所示。

表 6-7　实验 4 中公司能力与公司认同对产品评价的主效应

公司能力	公司认同度高		公司认同度低	
	强	弱	强	弱
产品态度	4.87 (0.22)	1.89 (0.23)	4.26 (0.27)	1.28 (0.15)
购买意向	5.24 (0.40)	2.14 (0.23)	4.28 (0.41)	1.15 (0.19)
被试人数	31	30	29	31

注：括号中的数字为标准差。

表 6-8 是以产品态度为因变量、对公司能力和公司认同进行两因素被试间方差分析的结果。

表 6-8 实验 4 中公司能力与公司认同两因素完全随机实验设计的方差分析结果 1

因变量：产品态度

方差来源	平方和	自由度	均方	F 值	显著水平
校正模型	282.481（a）	3	94.160	1913.752	0.000
截距	1144.653	1	1144.653	23264.423	0.000
公司能力	268.390	1	268.390	5454.882	0.000
公司认同	11.175	1	11.175	227.116	0.000
公司能力 × 公司认同	0.000	1	0.000	0.006	0.937
误差	5.757	117	0.049		
总和	1426.448	121			
校正总和	288.237	120			

注：a 表示 $R^2=0.980$（调整 $R^2=0.980$）。

通过表 6-8 可以看出，在产品态度方面，公司能力和公司认同两因素被试间方差分析的主效应显著，其 F 检验值分别为：F（1，117）=5454.882 和 F（1，117）=227.116，显著性水平 P<0.001，说明公司能力和公司认同对被试的产品评价均能产生正向影响。然而，由上表可以看出，公司能力和公司认同的交互效应并不明显，F（1，117）=0.006（F<1），P>0.05。该数据结果表明，在公司能力和顾客公司认同之间，并不存在显著的交互作用影响，也就是说，顾客对公司的认同程度并不能影响公司能力和顾客产品态度评价之间的关系。

进一步分析由 SPSS 输出以公司能力为横坐标、产品态度平均分值为纵坐标和以公司认同为作用条件的交互作用（见图 6-3）。可以看出，被试在产品态度方面的评价，主要受到公司能力高低程度的显著影响（在表 6-8 中，公司能力解释了观测变量总体变异 288.237 中的 268.390，占观测变量总体变异的 93%），而没有受到公司认同的显著调节作用。也就是说，无论是公司认同度高的水平，还是公司认同度低的水平，被试对产品态度的评价均主要与公司能力有关。对以产品态度为因变量的单因素方差分析表明，公司认同的主效应并不显著，F（1,119）=6.109，P>0.05。而对以产品态度为因变量的单因素方差分析进一步表明，公司能力的主效应非常显著，F（1,119）=1906.605，P<0.001。由表 6-7 也

可以看出，无论公司认同度高低，而公司能力不同水平的产品态度评价差异显著（分别是：M = 4.87 vs. M = 1.89 和 M = 4.26 vs. M = 1.28）。

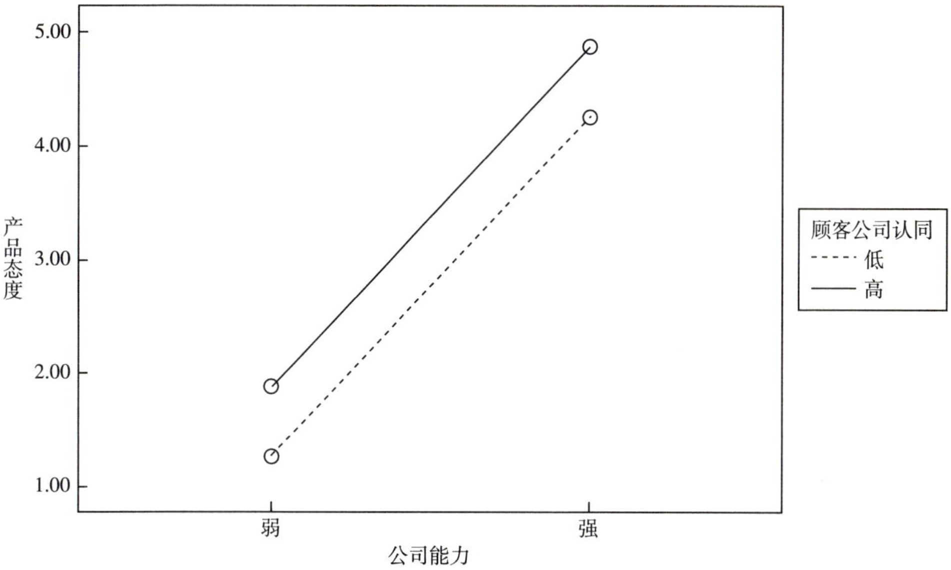

图 6–3　实验 4 中公司能力与公司认同对产品态度影响的交互作用

由上述结果分析可知，在产品态度方面，公司认同并没有对公司能力和产品态度评价之间的影响关系起到调节作用。也就是说，实验结果并没有证实所提出的研究假设。

通过上述同样步骤，以购买意向为因变量，对公司能力和公司认同进行两因素被试间方差分析，数据结果如表 6–9 所示。可以看出，在购买意向方面，尽管公司能力和公司认同两因素被试间方差分析的主效应显著，其 F 检验值分别为：F（1，117）= 2859.554 和 F（1，117）= 282.613，显著性水平 P < 0.001。然而，与预期假设相反，由该表可以看出，公司能力和公司认同的交互效应并不明显，F（1，117）= 0.082（F < 1），P > 0.05。该数据结果说明，在公司能力和顾客公司认同之间，并不存在显著的交互作用影响，也就是说，顾客对公司的认同程度并不能影响公司能力和顾客购买意向之间的关系。

同样，进一步分析由 SPSS 输出以公司能力为横坐标、购买意向平均分值为纵坐标和以公司认同为作用条件的交互作用（见图 6–4）。由该图可以看出，被试在购买意向方面的评价，主要受到公司能力差异程度的显著影响（在表 6–9

表 6-9 实验 4 中公司能力与公司认同两因素完全随机实验设计的方差分析结果 2

因变量：购买意向

方差来源	平方和	自由度	均方	F 值	显著水平
校正模型	325.771（a）	3	108.590	1062.995	0.000
截距	1239.529	1	1239.529	12133.814	0.000
公司能力	292.117	1	292.117	2859.554	0.000
公司认同	28.870	1	28.870	282.613	0.000
公司能力 × 公司认同	0.008	1	0.008	0.082	0.776
误差	11.952	117	0.102		
总和	1571.222	121			
校正总和	337.723	120			

注：a 表示 $R^2 = 0.965$（调整 $R^2 = 0.964$）。

中，公司能力解释了观测变量总体变异 337.723 中的 292.117，约占观测变量总体变异的 86%），而没有受到公司认同的显著调节作用。也就是说，无论是公司认同度高的水平，还是公司认同度低的水平，被试的购买意向主要与公司能力有关。由图 6-4 也可以看出，无论公司认同度高低，而公司能力不同水平对购买意向评价的影响差异显著（分别是 M = 5.24 vs. M = 2.14 和 M = 4.25 vs. M = 1.15）。

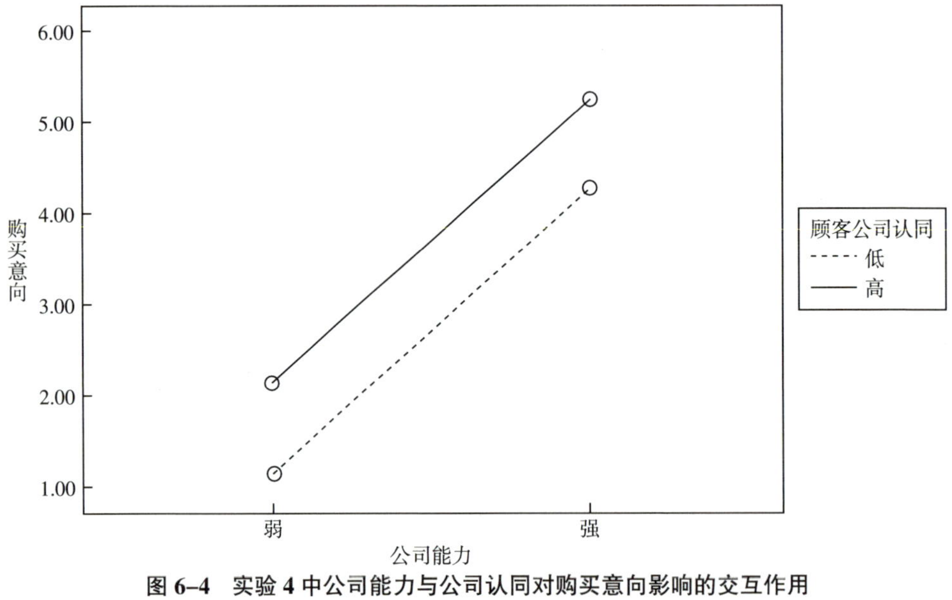

图 6-4 实验 4 中公司能力与公司认同对购买意向影响的交互作用

由上述结果分析可知，在购买意向方面，公司认同并没有对公司能力和购买意向之间的影响关系起到调节作用。也就是说，实验结果并没有证实所提出的研究假设。

通过上述分析，实验 4 所提出的主体假设没有得到完全验证。也就是说，在产品评价方面（产品态度和购买意向），被试对公司认同程度的高低，并没有显著地调节公司能力和产品评价之间的影响关系。因此，由实验数据分析可知，H4b 和 H4c 没有通过验证，H4a 和 H4d 仍得到了证实。

第三节　本章小结

本章通过两个实验，试图检验公司品牌两个不同维度对于顾客产品评价产生影响的作用条件和边界，即顾客对公司的认同度分别在公司社会责任与产品评价（实验 3）、公司能力与产品评价（实验 4）存在调节效应。实验结果表明，公司认同在公司社会责任和产品评价影响关系之间具有显著的调节作用，而在公司能力和产品评价影响关系之间却不存在显著的调节效应。也就是说，实验 3 的主体假设获得了验证，而实验 4 的主体假设没有得到证实。实验 3 和实验 4 的结果表明，从公司品牌整体性视角分析，尽管顾客对公司的认同度对公司品牌和产品评价之间的影响关系具有显著的调节效应，然而，当对公司品牌操作化为公司社会责任和公司能力两个维度时，公司认同在两个维度和产品评价之间具有不均衡的调节作用。本书试图从以下两方面解释本章两个实验的结果。

首先，公司社会责任和公司能力具有不同的作用路径和影响效果。由于公司能力和公司社会责任的理论内涵不同，两者带给消费者的联想属性和联想范围因此存在较大差异。公司能力直接与企业的技术研发、生产制造和服务提供有关，公司能力水平的差异直接影响所提供产品或服务的功能性利益，即产品的核心价值。公司社会责任则与公司的整体形象相关，公司社会责任评价的高低并不会直接影响到顾客对公司产品属性的感知。因此，公司能力方面的联想是通过对产品具体属性的感知和公司整体性评价来影响产品评价，而公司社会责任方面的联想则仅仅是通过公司整体性评价来影响产品评价（Brown and Dacin，1997），并且，公司能力总体上比公司社会责任对产品评价的影响更大（Biehal and Sheinin，2007；Brown and Dacin，1997）。顾客公司认同程度高低的实质，是公司价值体系和个人价值体系具有共性的重叠部分的多少。因此，根据公司能力和公司社会责任对产品评价的作用路径可知，在公司社会责任和产品评价作用关系之间，顾客公司认同度会产生影响，而在公司能力和产品评价之间则无法产生显著调节效应。所以，公司社会责任和公司能力两个维度与产品评价之间作用路径的不同，是解释实验 3 和实验 4 产生不同结果的首要和重要原因。

其次，顾客在评价产品中遵循由功能性价值到象征性价值的递进规律。产品和品牌的感知价值对顾客产品评价具有重要影响作用，消费者在产品评价中，是对产品和品牌所具有的功能性利益和情感性利益进行综合评价。功能性价值依附于产品的物理属性，强调品牌的功能表现和解决问题的能力，可满足消费者生理和安全的需要；象征性价值则源于产品的非物理属性，涉及该品牌使用者的整体形象，体现了潜在的社会认同、自我表现、交际与自尊的需求，这是消费者认同的、能流露在外并得到他人认可的外显性价值。根据马斯洛的需求层次理论（hierarchy theory of needs），人们通常是在较低层次的需求得到满足之后，才具有追求更高层次需求的动力和行为。在对产品的功能性价值和利益性价值进行综合评价时，顾客只有在确定产品的功能性价值能被充分满足之后，才会考虑对象征性价值的需求。公司能力带给消费者产品属性的联想，公司能力优劣直接关系产品的功能性价值能否得到保证。而公司社会责任主要是带给消费者关于整个公司形象的联想，公司社会责任评价高低与产品功能性价值不具有直接关联，而更多与公司和品牌的象征性价值有关。因此，当消费者在评估产品缺乏足够信息而面临不确定性时，会首先并重点考虑功能性价值能得到满足，而不太在意象征性价值是否也同时得到满足。因此，公司能力对于顾客产品评价具有最本质而又最重要的影响作用，而不会受到顾客公司认同的调节作用。这一点在实验后与被试的访谈中，得到了一定程度的证实。如被试钟某说："作为一名消费者，我首先只管产品质量和性价比，不管别的（如公司社会责任），也管不了别的。"另一被试陶某认为："我评价一个公司的产品还是很理性的，即便我与公司具有相似价值观，如果产品质量差，还是不会买的。"

因此，当在实验中控制产品其他信息（如价格）而只突出实验因素信息（salience of experiment factor）时，根据可获得性—可诊断性理论（Feldman asmd

Lynch，1988）和上述两点主要原因，使顾客公司认同在公司社会责任和产品评价之间具有显著的调节效应，而在公司能力和产品评价之间没有显著影响。亦即解释了实验 3 主体假设得到完全验证，而实验 4 主体假设并没有得到完全证实的原因。

本章的研究发现具有重要的理论意义。首先，通过实验 3 和实验 4，从理论上说明了公司认同在公司社会责任、公司能力与产品评价影响关系具有不均衡的调节效应。尽管公司认同对公司品牌和产品评价的影响关系具有显著的调节作用，但对公司品牌两个维度分开进行操作化定义后，这种调节作用却不是均衡地分布。这说明，对于顾客的产品评价而言，公司社会责任和公司能力具有完全不同的作用路径和影响机制。其次，本章的研究发现进一步拓展和深化了对公司品牌两个维度的理论研究，同时，为未来对公司能力和公司社会责任作为独立构念的相关研究指出了方向。最后，尽管实验 4 主体假设没有得到完全证实，但通过分析实验 3 和实验 4 中的公司社会责任与公司认同、公司能力与公司认同（见图 6-1 至图 6-4）的交互作用图形，可以发现，在其他条件相同时，在公司认同度高条件下的产品评价总是更好。因此，这为创建公司品牌实践必须培育顾客公司认同提供了重要的理论支持。

本章两个实验的研究发现还具有重要的实践价值。首先，公司认同对公司社会责任及公司能力与产品评价之间存在不均衡的调节作用，这对于创建公司品牌的实践工作具有具体的指导价值。结论表明，公司能力和公司社会责任对于顾客形成产品评价具有不同的作用路径，其影响效果也不相同。因此，公司必须在实践中思考如何将公司认同与公司能力或公司社会责任进行完美的结合，使顾客产生积极联想，对公司产品形成良好评价。其次，公司社会责任和公司能力对顾客产品评价的影响，均具有其作用条件和边界，这对公司的品牌推广和品牌传播实践工作具有引导作用。公司能力与公司社会责任，到底哪个更加重要？两者之间应该如何分配资源？这对于资源受限的企业实践而言，无疑值得三思而行。公司社会责任和公司能力存在作用条件，使企业的相关投资行为变得更加细化和谨慎。

第七章　结论与建议

本书将在最后一章对主要研究结论进行归纳，并重点对实证部分（共三章四个实验）的研究结果进行总体性讨论。在此基础上，本章还将探讨全书的研究贡献，挖掘研究结论对营销实践的指导价值和借鉴作用，并在最后指出研究中存在的局限性以及未来可能进一步的研究空间。

第一节　研究结论与总体讨论

以公司品牌理论和社会认同理论作为主要理论基础，本书主要的研究概念包括公司品牌、产品品牌、顾客公司认同和产品评价。全书通过三个具有结构承启联系的章节和四个具有逻辑推进关系的实验，实证了公司品牌和产品品牌对顾客产品评价的影响，验证了顾客公司认同在公司品牌和产品评价之间关系的调节作用，并辨识了公司认同在公司品牌两个维度与产品评价之间调节效应的不均衡性。本书实证部分还应用了社会心理学、组织行为学和营销学的相关理论，对实验结果进行了解释和讨论。根据在书中进行实证的次序，对全书主要结论及相应总体性讨论归纳如下：

（一）公司品牌和产品品牌对顾客产品态度和购买意向具有正向的影响作用

创建强势公司品牌始终是企业的梦想，因为顾客对公司品牌的认知联想，不但已成为公司的战略性资产（Dowling，1993），而且成为公司持续竞争优势的源泉。因此，许多公司每年会投入大量资金用于企业广告、公司善举、赞助营销、事件营销及公司形象的建设和研究（Brown and Dacin，1997）。本书实验 1 通过设计控制组和实验组，采用虚拟公司品牌和产品品牌，验证了它们对于被试的产品态度和购买意向具有显著的正向影响效应。如在被试购买意向方面，实验1结果表明，产品中有无品牌信息的主效应非常显著：F（1，154）=162.143，P<0.001，有品牌信息四个组的购买意向平均得分（M=4.41），比没有品牌信息控制组的被试购买意向得分（M=2.33）显著高。

当市场信息不完整或不对称时，经济代理人（公司和顾客）会通过和使用信号（如可操控的属性或活动）传递具有其特征的重要信息。在顾客面临产品评价而又不具备完整信息时，公司品牌和产品品牌因此成为判断的主要外部线索（extrinsic cue）。并且，品牌相关信息对于消费者的产品评价和购买决策具有正向和直接影响效果（Hoeffler and Keller，2003）。当然，在更加现实的消费购买情境下，顾客对于风险规避的程度（Dhar and Simonson，1992）、对于其他品牌的熟悉度以及消费者自信度（Laroche et al.，1996）等因素，都会对顾客产品评价和购买意向产生影响。

（二）其他条件相同的情况下，公司品牌对顾客产品评价影响的效应，显著大于产品品牌对顾客产品评价影响的效应

这是重要的研究发现和结论之一。通过实验设计和实验操控发现，在其他条件相同时，突出公司品牌（salience of corporate brand）对产品评价的影响效应（产品态度 M=5.04；购买意向 M=5.10），显著地高于突出产品品牌（salience of corporate brand）对产品评价的影响（产品态度 M=3.87；购买意向 M=3.73）。

公司品牌和产品品牌是两个不同的实体（Aaker，1996），能给消费者带来不同的属性联想（Keller，2008），两者在理论研究和实践创建中都具有本质的区别（吴水龙等，2009）。公司品牌和产品品牌在营销实践活动中形成对消费者的差异化反应，是理论研究应该关注的重点。实验1的结论从顾客产品评价的角度，实证了公司品牌和产品品牌对消费者所产生的差异效应。

Spencer-Rodgers 等（2007）、Simon 和 Hamilton（1994）的有关研究结论，有助于从理论上解释被试更倾向于公司品牌进行产品评价。他们在跨文化的研究中发现，中国被试更倾向于在群体资格或集体属性的基础上，来推断和认识个人特质，更愿意将群体或集体属性作为判断决策的可获得性信息来源，形成自我刻板印象化（self-stereotyping）。因此，具有组织属性和群体联想特质的公司品牌，比产品品牌更容易被顾客提取（accessible），并对形成判断更具有诊断性价值

(diagnostic)，同时降低了包括产品品牌在内的其他信息对于产品评价的用途(Feldman and Lynch，1988)。

(三) 公司品牌影响产品具有一定的作用条件和边界，这也是该领域未来的研究重点和主流趋势

在扫描公司品牌研究核心文献、进行全景式学术回顾的基础上，本书得到了这一重要结论。公司品牌的理论研究大致可分为三个标志性阶段（吴水龙等，2009)，即①What，探寻公司品牌维度是什么；②How，研究公司品牌如何对顾客评价发生作用；③Why，探究公司品牌为什么能对顾客产生不同感知和影响。第一阶段的相关研究已较为成熟，并且没有更大的研究空间。对于公司品牌影响顾客产品评价的条件和机制，即第二、第三个阶段的研究，则是当前的研究主流和重点。既有研究关注到的作用条件包括顾客对风险感知的程度，又有对公司品牌的信任程度以及公司品牌战略等。

(四) 公司认同在公司品牌和产品评价影响关系中具有显著的调节作用

承接上述研究结论，即公司品牌影响产品评价的作用条件是研究重点，实验3通过引入具有社会心理学、组织行为学和营销学交叉学科领域的重要概念——公司认同，作为有待证实的调节变量。通过实验操控发现，在公司品牌对顾客产品评价的影响中，顾客对公司的认同度具有显著的调节效应（产品态度的交互影响：$F(1,115)=15.127$，$P<0.001$)；购买意向的交互影响：$F(1,115)=42.488$，$P<0.001$)。也就是说，在公司品牌对顾客产品评价产生影响的过程中，受到了顾客对公司认同程度的影响。因此，强势公司品牌对顾客产生积极作用的最佳前提，是顾客同时对公司的认同度也高。换言之，如果顾客在心理上非常认同某个公司，即便该公司的品牌强度甚至无法入榜，而顾客对其产品的评价依然会高。实验2的研究发现，一方面证实了认同在消费者行为中的重要地位，拓展了认同理论在营销领域的应用和研究；另一方面拓宽了公司品牌影响产品评价作用条件和边界的研究。

社会认同理论（Brewer，1991；Tajfel and Turner，1985)、品牌价值感知理论（Park et al.，1986）和图式一致性理论（Mandler，1986；Meyers-Levy and Tybout，1989）能较好地解释实验2的研究结果。图式一致性理论，即当消费者感知到公司特征与自我特征两者之间的一致性程度越高，就会对该公司形成良好的态度和积极的反应。因此，由于“晕轮效应”作用，而使消费者对该公司提供的产品或服务具有更高的评价，产生“爱屋及乌”的营销现象。相反，则通过同样的逻辑，出现“殃及池鱼”的悲剧。社会认同理论则强调消费者通过类化、比较和积极区分（公司）的做法，将所认可公司附随的正面刻板印象加在自己身上（如注重环境保护、热心公益事业等），获得社会参照群体的认可，从而有效达到自我提升和获得自尊的目的。

实验 2 的研究结论不但在理论上对公司品牌影响产品评价的作用条件研究进行了推动和拓展，而且在实践上使营销者更注重公司与顾客共同价值的培育。

（五）公司认同对公司品牌两个维度和产品评价具有不均衡的调节效应

实验 4 研究发现，顾客公司认同在公司品牌两个维度和产品评价的影响关系之间，具有不均衡的调节作用，具体表现为显著地调节公司社会责任和产品评价之间的影响，而对公司能力和产品评价没有明显的调节效应。

公司社会责任和公司能力是公司品牌的主要维度，两者具有不同的理论内涵和构建重心。尤其重要的是，公司社会责任和公司能力对顾客产品评价的影响具有两方面差异：其一是两者对顾客产品评价的作用路径和机制不同，公司能力是直接通过产品属性联想和公司联想同时对消费者产生影响，而公司社会责任只是通过公司联想产生作用；其二是两者对顾客产品评价的作用效果并不均衡，并且具有不同的作用条件和边界。Brown 和 Dacin（1997）在研究中也发现了这点。

通过实验 3 和实验 4，分别检验了公司认同在公司社会责任和产品评价、公司认同在公司能力和产品评价之间的调节效应。实验 3 的主体假设得到了证实，即公司认同和公司社会责任对于顾客产品评价具有的交互作用（产品态度：$F(1, 120)=30.170$，$P<0.001$；购买意向：$F(1, 120)=54.883$，$P<0.001$），也就是说，公司认同对于公司社会责任和产品评价具有显著的调节效应，如果顾客高度认同于某一特定公司，即便公司社会责任评价不高，但也不会影响顾客高度评价其产品。相反，如果顾客不认同某公司，即使公司社会责任声誉再好，但顾客也不会对其产品具有好感。实验 3 的研究发现，与 Sen 和 Bhattacharya（2001）发表在国际顶级营销学术期刊 *JMR* 的论文《行善一定有善报吗？基于公司社会责任的消费者反应》（*Does Doing Good Always Lead to Doing Better? Consumer Reactions to Corporate Social Responsibility*）结论具有一致性，即公司社会责任行为产生效果需要具备一定的作用条件，并具有特定的作用机制，在理论研究中分别表现为对调节变量和中介变量的探索。

实验 4 的主体假设未能通过全部检验，即公司认同和公司能力对于顾客产品评价不具有显著的交互作用［产品态度：$F(1, 117) = 0.006$（$F<1$），$P>0.05$；购买意向：$F(1, 117) = 0.082$（$F<1$），$P>0.05$)］，也就是说，公司能力对顾客产品评价的作用，不会受到顾客对公司认同程度高低的显著影响。主体假设 4 之所以没有得到完全证实，本书认为这与公司能力的要素内涵及其带给顾客的联想属性有关，不同于公司社会责任主要通过公司形象（具有社会认同的基础）产生联想，公司能力主要与产品属性相关。因此，不具备认同的基础和土壤（需要群体或组织的概念），与顾客公司认同没有强烈的相关性。此外，公司能力与产品的功能性利益紧密相连，而公司社会责任与产品的象征性利益密切相关，基于马斯洛的需求层次理论，对于消费者而言，倘若对产品的功能性利益感知风险过高（即较低的公司能力），也就是最低层次的需求无法得到保证，则无论认同度如何，对产品的评价肯定无法提高。

实验 3、实验 4 的结论表明，从整体性而言，即便顾客对公司认同的程度对于公司品牌和顾客产品评价之间的影响，具有显著的调节作用，但当公司品牌操作化为公司社会责任和公司能力维度时，公司认同的这种调节效应并不是均衡地作用于公司社会责任和公司能力。

实验 3、实验 4 的结论，首先从理论上实证了公司社会责任和公司能力对于产品评价影响的不同路径和机制；其次验证了公司认同对于这两者和产品评价之间具有不均衡的调节效应；最后这些研究发现对于营销实践具有重要的参考价值。深度理论意义和实践价值将在下一节详细分析。

第二节　研究贡献与营销启示

本节将重点从理论意义的角度挖掘研究贡献，从实践价值的角度剖析研究所带来的营销启示。

一、理论贡献

在实现研究目标的同时，研究结论对于公司品牌理论的研究发展还具有以下理论贡献：

（一）将具有社会心理学、组织行为学和营销学等交叉学科性质的构念——顾客公司认同，引入公司品牌的理论研究领域

自 20 世纪 80 年代以来，品牌理论研究日益受到重视并取得丰富的研究成果。公司品牌是品牌理论发展中的新分支，在品牌架构中占有主导地位，是长期品牌管理的核心内容，也是公司战略性资产的重要来源（吴水龙等，2009）。公司品牌及其对消费者产品评价的研究在西方学术界逐渐兴起，由对公司品牌维度的探寻和测量，逐步发展到了对公司品牌与顾客产品评价之间影响关系的实证研究（Brown and Dacin，1997；Gürhan-Canli and Batra，2004；等等）。

在公司品牌维度的构成及其对产品评价正向影响关系的结论普遍得到证实之后，公司品牌影响产品评价的心理作用机制和作用条件受到了关注，亦即对公司品牌的理论研究重点转向对中介变量和调节变量的探寻（吴水龙等，2009）。在现有对公司品牌与顾客反应之间的调节变量研究中（Gürhan-Canli and Batra，2004；Berens et al.，2005；等等），这些调节变量或中介变量主要是基于营销学的视角，如产品类型、品牌战略和定位战略等。本研究基于社会心理学、组织行为学和营销学的综合视角，引入顾客公司认同构念，实证研究公司认同在公司品牌和顾客产品评价之间影响关系的调节效应，不但拓展了公司品牌作用条件和边界的研究，而且扩大了社会认同理论的应用范畴。因此，在公司品牌和产品评价的影响关系中引入公司认同作为调节因素并进行实证，是本研究重要的理论贡献之一。

（二）从理论上实证并解释了公司品牌和产品品牌对顾客产品评价影响的差异性，为企业资源有限条件下创建公司品牌提供了理论支持

当前，国内学者对公司品牌与产品品牌对消费者联想及产品评价影响差异性的实证理论研究，还处于探索和发展阶段。在企业创建品牌的实践中，面临资源稀缺和有限的现实条件，而尤其对于中国本土多数初创型企业而言，是优先创建公司品牌还是建立产品品牌？本研究实验 1 通过规范的实验设计和控制，发现在其他条件相同的情况下，公司品牌对顾客产品评价的积极影响效应更大。因此，实验 1 的研究结论，为企业在中国市场选择优先创建公司品牌提供了理论支持。对于实验 1 的研究结果，本书通过 Spencer-Rodgers 等（2007）、Simon 和 Hamilton（1994）、Feldman 和 Lynch（1988）等学者基于社会心理学视角提出的相关理论进行了解释。因此，实证研究公司品牌和产品品牌对顾客产品评价影响效果的差异，是本书的另一重要理论贡献。

（三）从理论上关注并研究了公司品牌影响产品评价的作用条件

在引入具有社会心理学、组织行为学和营销学等交叉学科性质的顾客公司认同构念后，本书通过规范的实验设计，研究了公司认同在公司品牌和顾客产品评价关系中所起的调节作用，进一步丰富和发展了公司品牌理论中有关作用条件和边界的研究。

在社会认同理论（Brewer，1991；Tajfel and Turner，1985）引入组织行为学领域，并获得重要的研究发现后（Bergami and Bagozzi，2000；Dutton et al.，1994），Bhattacharya 等（1995）较早地提出了顾客公司认同概念内涵，并在具有非营利性机构的艺术博物馆进行了顾客认同的前因后果实证研究。实际上，Belch 和 Belch（1987）研究发现，公司和顾客之间在价值体系、理念行为等方面的相近程度，会显著影响顾客的购买行为。基于这些既有的理论发现，本书结合认知心理学的图式一致性理论（scheme congruity），提出公司认同在顾客品牌与产品评价之间具有调节作用的理论假设，并得到证实。因此，对公司品牌与顾客产品评价影响关系之间的作用边界进行实证，是本书重要的理论贡献之一。

（四）从理论上实证并解释了公司认同在公司品牌两个维度与产品评价关系之间调节效应的不均衡性

顾客公司认同在整体性视角的公司品牌与产品评价作用关系之间，具有显著的调节效应。然而，顾客公司认同在公司品牌两个维度（公司社会责任和公司能力）与产品评价之间是否具有均衡的调节效应？对于这个问题，本书从理论上予以了验证和解释，并弥补了这方面的理论研究空白。

公司社会责任和公司能力对顾客产品评价的作用路径和影响效果不同（Brown and Dacin，1997），顾客公司认同程度对两者是否存在均衡的调节效应？无论从理论研究，还是从实践应用，都是一个必须予以回答的课题。本书第六章通过实验 3 和实验 4 分别对公司社会责任和公司能力进行概念化操作，验证了顾客对公司认同的程度，以及在两个维度和产品评价之间的调节效应。因此，从理论上辨识公司认同对于公司品牌两个维度与产品评价之间调节效应的大小和均衡性，是研究重要的理论贡献。

二、营销实践启示

本书的实证研究结果，对于创建公司品牌实践具有重要的启示意义，这主要体现在以下几方面：

（一）对于资源有限条件下企业面临创建公司品牌和产品品牌的选择，提供了理论支持

实验1结果表明，公司品牌和产品品牌对顾客产品态度及购买意向均有正向的影响作用，尤其重要的是，在其他条件相同的情境下，公司品牌的正向影响效应更大。这说明，在当前中国市场，尤其对于初创型企业来说，由于资源有限，当面临是优先创建公司品牌还是产品品牌的选择时，应该首先建立公司品牌。因此，企业在资源有限的条件下，在公司品牌和产品品牌之间的长期建设中，应该优先考虑公司品牌的创建和战略规划。另外，Higgins 和 King（1981）很早就通过研究发现，使人们大脑中存储联想更容易被激活和获取的影响因素，便是其显著性或凸显度（salience），因此，对已经具有强势公司品牌的企业，在传播策略中应凸显出公司品牌，发挥强势公司品牌对消费者的积极影响作用。

（二）对于创建公司品牌实践的具体借鉴作用

建立强势品牌始终是企业的梦想，因为强势品牌能维持较高的产品价位、具备强大的融资能力、能有效抵御竞争者攻击、持续不断地为公司创造利润并最终增加企业价值（Keller，1998）。然而，尽管公司品牌具有这些优势，并能正向地影响消费者对产品评价的态度，但本书发现，顾客对公司认同的程度对公司品牌的这种影响作用具有显著的调节效应，这意味着，如果顾客对公司的认同程度低，那么即使是较强的公司品牌，对顾客的产品评价未必高；相反，如果顾客对公司的认同度高，那么即便不是强势公司品牌，顾客对产品的评价却不会低。因此，企业在制定创建强势公司品牌的长期战略规划中，要同时注重培育和提高顾客与公司之间的认同度。如通过品牌社区的建设强化顾客关系管理，了解和调研目标消费者的主流价值观体系，增加与顾客接触的场合和亲近的机会，扩大公司与顾客之间的重叠性和一致性，从而达到提高顾客公司认同的目的。Ahearne 等（2005）曾通过研究顾客公司认同的前因变量和后向结果，扩展了公司认同在关系营销中的地位和作用。因此，本研究的主要研究结论，不但对于创建公司品牌具有启示意义，而且对于关系营销实践具有重要的参考价值。

（三）对于企业投资公司社会责任行为和培育公司能力的策略制定，具有具体的实践指导意义

公司社会责任和公司能力是公司品牌的主要维度，企业在创建强势公司品牌的实践中，主要是通过公司行为提高公司社会责任的评价，提升公司能力的核心优势。由于资源有限，因此，有所不为才能有所作为，公司应该根据具体情况，选择性投资具有最大综合效益的社会责任行为和提高公司能力的途径。研究结论进一步强调了公司社会责任和公司能力对于顾客的产品评价影响，具有一定的作用条件和路径，并且影响效果并非处于均衡状态。因此，企业在决策公司社会责任或公司能力相关的公司行为时，应该重点仔细研究其作用条件和边界，评估这些行为最终能对顾客带来的联想作用及总体产出效益。Brown 和 Dacin（1997）在研究公司品牌联想和顾客产品反应时，就援引了美国一家大型零售公司高级经理的话："我们做了很多善事……我们也盖了很多楼宇，花费甚巨……然而，我们却无法得知，从中得到了什么。"这些说明，企业在投资公司社会责任和公司能力行为时，不但要注重其最终产出效果，而且要考虑和评估其作用条件和作用边界。

第三节　研究局限与未来研究

一、研究局限

在研究达到预期研究目标、并获得一定理论贡献和营销启示的同时，由于各方面客观和主观原因，并由于时间及篇幅所限，致使研究还存在一些不足之处，主要表现为以下三点：

（一）研究中使用虚拟品牌的问题

从理论研究的角度来说，尽管虚拟品牌能避免被试既有品牌知识和使用经验等不可控因素产生的影响和干扰（Boush and Loken，1991；Brown and Dacin，1997），过滤实验"噪声"，现实中公司品牌和产品品牌均是首次出现在顾客面前的情况也时有发生（如顾客初次购买、公司和产品新近上市等）。然而，为了使研究结论能进一步得到推广，使用真实品牌进行实验研究，或者研究真实消费环境下公司品牌和产品品牌对顾客产品评价的影响，是该研究领域欲待突破的课题。

（二）现实中行业和品类的差异性问题

尽管为了使研究产品对象与实验被试具有一定的“匹配性”，本书选择了大学生被试较为熟悉并经常购买的背包类产品。然而，现实消费情境中不同行业、不同品类之间存在较大的差异性，这不但意味着顾客购买决策的涉入度（involvement）不同，而且会因此使消费者购买行为模式具有本质性差异。这一方面使研究结论的外部效度受到影响，另一方面对其他行业和品类予以关注和研究，成为该课题领域需要考虑的问题。

（三）实证研究样本的问题

“paper people”（学生样本）是影响实验研究结果外部效度的另一因素（Singleton and Straits，1999）。从理论上讲，实验所用的样本应该具有它所来自总体的代表性（刘军，2008），然而，在实际研究中，由于各方面资源所限，尤其对于消费者行为研究来说，完全避免样本所带来的差异具有一定困难。因此，本书采用学生样本，也存在实验法的普遍性问题。

二、未来研究

公司品牌是品牌理论发展中较新的分支，尽管在国际学术领域已得到较快的研究和发展，并已开始在国内营销学术领域引起关注和兴趣，然而，对于公司品牌理论的丰富和完善，本研究以为至少在以下方向值得进一步拓展：

（一）对其他调节变量和中介变量的探索研究

正如本研究所指出，公司品牌的理论研究大致可分为三个阶段，第一阶段是有关公司品牌维度构成的研究已趋于稳定和成熟，而第二、第三阶段是有关于公司品牌作用边界（调节变量）和作用机制（中介变量）的理论探索与实证研究正方兴未艾。尽管风险感知、公司品牌战略等作为调节变量，在公司品牌与顾客产品评价影响关系中得到了研究，本书也另辟蹊径基于社会心理学、组织行为学和营销学的综合视角提出了顾客公司认同构念，作为公司品牌和产品评价之间的调节因素并得到了实证，然而，对于两者作用机制（中介变量）的实证研究在国外目前正是热点，而在国内还尚为匮乏。因此，基于更宽视野探寻更多的调节变量，并探索中介变量，是公司品牌影响顾客产品反应中未来重要的研究方向。

（二）公司品牌对其他利益攸关者影响的实证研究

正如本书第一章在理论背景中所指出的，公司品牌相关的理论研究，目前主要表现在两大领域：一是基于公司品牌价值及其测量方法的探索；二是研究公司品牌与利益攸关者之间的影响关系，尤其是对顾客产品评价的影响。尤其是后者对于顾客产品评价，不但迅速出现了较为丰富的实证研究，而且研究更加细化和深入。因此，公司品牌与其他利益攸关者之间的影响关系，如公司外部的经销商、供应商、股东等，公司内部的销售队伍、营销分支机构等，不但具有广阔的理论研究空间，而且具有重要的实践价值。如王海忠和赵平（2008）基于主导地位制造商的视角，实证研究了公司品牌形象对于经销商关系导向的影响。因此，公司品牌对于消费者产品反应影响的研究获得进一步丰富之后，对于其他利益攸关者的实证研究，将是公司品牌理论研究领域的方向和趋势。

（三）公司品牌对于竞争合作行为关系影响的实证研究

公司之间的竞争合作行为（如兼并、赞助、战略联盟或者品牌联盟等），在一定程度上属于公司品牌之间相互博弈的结果（Jaju et al.，2006），而当前对于诸如品牌联盟行为的实证研究，仍主要聚焦在产品品牌的层面（Levin and Levin，2000；Rao et al.，1999；等等），因此，对于具有战略性资产价值的公司品牌的管理，不仅应该从个体层面（如消费者）分析，还必须从组织层面（如公司之间）等多个视角予以理解和研究（Berens et al.，2005）。故此，公司品牌在企业未来竞争合作行为关系中的影响及角色，有必要从理论上进行实证研究。

参考文献

[1] Aaker D. A.. Brand Portfolio Strategy [M]. 1st Edition. New York: The Free Press, 2004.

[2] Aaker D. A.. Measuring Brand Equity across Products and Markets [J]. California Management Review, 1996 (38): 102-120.

[3] Aaker D. A.. Building Strong Brands [M]. New York: The Free Press, 1996.

[4] Aaker D. A., Jacobson R.. The Financial Information Content of Perceived Quality [J]. Journal of Marketing Research, 1994 (31): 191-201.

[5] Aaker D. A., Joachimsthaler E.. The Brand Relationship Spectrum: The Key to the Brand Architecture Challenge [J]. California Management Review, 2000 (42): 8-23.

[6] Adam A., Alessandro C.. Brand Public [J]. Journal of Consumer Research, 2016 (42): 727-748.

[7] Aggarwal P.. The Effects of Brand Relationship Norms on Consumer Attitudes and Behavior [J]. Journal of Consumer Research, 2004 (31): 87-101.

[8] Ahearne M., Bhattacharya C. B., Gruen T.. Antecedents and Consequences of Customer-Company Identification: Expanding the Role of Relationship Marketing [J]. Journal of Applied Psychology, 2005 (90): 574-585.

[9] Ahluwalia R., Gürhan-Canli Z.. The Effects of Extensions on the Family Brand Name: An Accessibility-Diagnosticity Perspective [J]. Journal of Consumer Research, 2000 (27): 371-381.

[10] Akerlof G. A.. The Market for Lemons: Quality under Uncertainty and the

Market Mechanism [J]. Quarterly Journal of Economics, 1970 (84): 448-500.

[11] Alba J. W., Hutchinson J. W.. Knowledge Calibration: What Consumers Know and What They Think They Know [J]. Journal of Consumer Research, 2000 (27): 123-156.

[12] Albert S., Whetten D. A.. Organizational Identity [J]. Research in Organizational Behavior, 1985 (1): 263-295.

[13] Algesheimer R., Dholakia U. M., Herrmann A.. The Social Influence of Brand Community: Evidence from European Car Clubs [J]. Journal of Marketing, 2005 (69): 19-34.

[14] Allan E.. Corporate Style versus Corporate Image [J]. Journal of Marketing Research, 1966 (3): 168.

[15] Allison E. H., Philip J. R. Ⅲ. The Effect of Corporate Image in the Formation of Customer Loyalty: An Australian Replication[J]. Australasian Marketing Journal, 2004 (12): 88.

[16] Allison R. I., Uhl K. P.. Influence of Beer Brand Identification on Taste Perception [J]. Journal of Marketing Research, 1964 (1): 36-39.

[17] Arnett D. B., German S. D., Hunt S. D.. The Identity Salience Model of Relationship Marketing Success: The Case of Nonprofit Marketing [J]. Journal of Marketing, 2003 (67): 89-105.

[18] Ashforth B. E., Mael F.. Social Identity Theory and the Organization [J]. Academy of Management Review, 1989 (14): 20-39.

[19] Ashforth B. E., Harrison S. H., Corley K. G.. Identification in Organizations: An Examination of Four Fundamental Questions [J]. Journal of Management, 2008 (34): 325-374.

[20] Auh S., Bell, S. J., McLeod C. S., Shih, E.. Co-production and Customer Loyalty in Financial Services [J]. Journal of Retailing, 2007 (83): 359-370.

[21] Allen N. J., Meyer J. P.. The Measurement and Antecedents of Affective, Continuance and Normative Commitment to the Organization [J]. Journal of Occupational Psychology, 1990, 63 (1): 1-18.

[22] Bagozzi R. P., Dholakia U. M.. Open Source Software User Communities:

A Study of Participation in Linux User Groups [J]. Management Science, 2006 (52): 1099-1115.

[23] Balmer J. M. T.. Corporate Branding and Connoisseurship [J]. Journal of General Management, 1995 (21): 22-46.

[24] Balmer J. M. T., Gray E. R.. Corporate Brands: What Are They? What of Them? [J]. European Journal of Marketing, 2003 (37): 972-997.

[25] Balmer J. M. T., Greyser S. A.. Corporate Marketing [J]. European Journal of Marketing, 2006 (40): 730.

[26] Balmer J. M. T., Greyser S. A.. Corporate Marketing-Integrating Corporate Identity, Corporate Branding, Corporate Communications, Corporate Image and Corporate Reputation [J]. European Journal of Marketing, 2006 (40): 730-741.

[27] Barich H., Kotler P.. A Framework for Marketing Image Management [J]. Sloan Management Review, 1991 (32): 94-104.

[28] Bartel C. A.. Social Comparisons in Boundary-Spanning Work: Effects of Community Outreach on Members' Organizational Identity and Identification [J]. Administrative Science Quarterly, 2001 (46): 379-413.

[29] Bamber E. M., Lyer V. M. Big 5 Auditors' Professional and Organizational Identification: Consistency or Conflict? [J]. Auditing, 2002 (21): 21-38.

[30] Bedford O., Hwang K. K.. Guilt and Shame in Chinese Culture: A Cross-cultural Framework from the Perspective of Morality and Identity [J]. Journal for the Theory of Social Behavior, 2003 (33): 127-144.

[31] Belch G. E., Belch M. E.. The Application of an Expectancy Value Operationalization of Function Theory to Examine Attitudes of Boycotters and Nonboycotters of a Consumer Product [J]. Advances in Consumer Research, 1987 (14): 232-237.

[32] Berens G., Riel C. B. M., Bruggen. G. H.. Corporate Associations and Consumer Product Responses: The Moderating Role of Corporate Brand Dominance [J]. Journal of Marketing, 2005 (69): 35-48.

[33] Bergami M., Bagozzi R. P.. Self-Categorization, Affective Commitment and Group Self-esteem as Distinct Aspects of Social Identity in the Organization [J].

British Journal of Social Psychology，2000 (39)：555–577.

[34] Berger J.，Draganska M.，Simonson I.. The Influence of Product Variety on Brand Perception and Choice [J]. Marketing Science，2007 (26)：460–472.

[35] Berger J.，Heath C.. Where Consumers Diverge from Others：Identity Signaling and Product Domains [J]. Journal of Consumer Research，2007 (34)：121–134.

[36] Bernard C.，Stefano P.. Brand Community of Convenience Products：New Forms of Customer Empowerment –The Case " My Nutella the Community" [J]. European Journal of Marketing，2006 (40)：1087.

[37] Bhattacharya C. B.，Mitra A.. The Individual，the Company，and the Product：The Role of Organizational Identification in Consumer Behavior [J]. Advances in Consumer Research，1998 (25)：54.

[38] Bhattacharya C. B.，Rao H.，Glynn M. A.. Understanding the Bond of Identification：An Investigation of Its Correlates among Art Museum Members [J]. Journal of Marketing，1995 (59)：46–57.

[39] Bhattacharya C. B.，Sen S.. Consumer–Company Identification：A Framework for Understanding Consumers' Relationships with Companies [J]. Journal of Marketing，2003 (67)：76–88.

[40] Biehal G. J.，Sheinin D. A.. The Influence of Corporate Messages on the Product Portfolio [J]. Journal of Marketing，2007 (71)：12–25.

[41] Bolton L. E.，Reed Ⅱ A.. Sticky Priors：The Perseverance of Identity Effects on Judgment [J]. Journal of Marketing Research，2004 (41)：397–410.

[42] Borman V. C.，Motowidlo S. J.. Task Performance and Contextual Performace：The Meaning for personnel Selection Research [J]. Huamm Performance，1997 (10)：99–109.

[43] Bottomley P. A.，Doyle J. R.. The Formation of Attitudes towards Brand Extensions：Testing and Generalizing Aaker and Keller's Model [J]. International Journal of Research in Marketing，1996 (13)：365.

[44] Boush D. M.，Loken B. A.. A Process–Tracing Study of Brand Extension Evaluation [J]. Journal of Marketing Research，1991 (28)：16–25.

[45] Boyle E.. An Experiment in Changing Corporate Image in the Financial Services Industry in the UK [J]. The Journal of Services Marketing, 1996 (10): 56.

[46] Brewer M. B.. The Social Self: On Being the Same and Different at the Same Time [J]. Personality and Social Psychology Bulletin, 1991 (17): 475–482.

[47] Brewer M. B., Gardner W.. Who is This "We"? Levels of Collective Identity and Self Representations [J]. Journal of Personality & Social Psychology, 1996 (71): 83–93.

[48] Brewer M. B., Weber J. G., Carini B.. Person Memory in Intergroup Contexts: Categorization versus Individuation [J]. Journal of Personality & Social Psychology, 1995 (69): 29–40.

[49] Brown S. G.. Laws of Form [M]. London: Allen and Unwin, 1969.

[50] Brown T. J.. Corporate Associations in Marketing: Antecedents and Consequences [J]. Corporate Reputation Review, 1998 (1): 215–233.

[51] Brown T. J., Barry T. E., Dacin P. A., Gunst R. F.. Spreading the Word: Investigating Antecedents of Consumers' Positive Word–of–Mouth Intentions and Behaviors in a Retailing Context [J]. Journal of the Academy of Marketing Science, 2005 (33): 123–138.

[52] Brown T. J., Dacin P. A.. The Company and the Product: Corporate Associations and Consumer Product Responses [J]. Journal of Marketing, 1997 (61): 68–84.

[53] Brown T. J., Dacin P. A., Pratt M. G., Whetten D. A.. Identity, Intended Image, Construed Image, and Reputation: An Interdisciplinary Framework and Suggested Terminology [J]. Journal of the Academy of Marketing Science, 2006 (34): 99–106.

[54] Bamber E. M., Iyer V. M.. Big 5 Auditors' Professional and Organizational Identification: Consistency or Conflict? [J]. Auditing, 2002 (21): 21 –38.

[55] Bettencourt L. A.. Customer Voluntary Performance: Customers as Partners in Service Delivery [J]. Journal of Retailing, 1997 (73): 383–406.

[56] Borman W. C., Motowidlo S. J.. Task Performance and Contextual Performance: The Meaning for Personnel Selection Research [J]. Huamn Performance,

1997 (10), 1984: 99-109.

[57] Crocker J., Susan T. F., Shelley E. Taylor H.. Schematic Bases of Belief Change [A]. J. Richard Eiser, ed. Attitudinal Judgment [C]. New York, NY: Springer-Verlag, 1984: 197-226.

[58] Chang P. L., Chieng M. H.. Building Consumer-Brand Relationship: A Cross-Cultural Experiential View [J]. Psychology & Marketing, 2006 (23): 927-959.

[59] Cheney G. C. C.. On the Various and Changing Meanings of Organizational Membership: A Field Study of Organizational Identification [J]. Communication Monographs, 1983 (50): 342-362.

[60] Chiu C., Dweck C. S., Tong J. Y., Fu J. H.. Implicit Theories and Conceptions of Morality [J]. Journal of Personality and Social Psychology, 1997 (73): 923-940.

[61] Christian R. C.. How Important Is the Corporate Image? [J]. Journal of Marketing (pre-1986), 1959 (24): 79a.

[62] Chun-Seon L., Soung-Hie K., Joon-Young L.. The Role of Corporate Image in the NCSI Model: Experience from the KCSI Study [J]. Journal of International Consumer Marketing, 2006 (19): 7.

[63] Churchill G. A.. A Paradigm for Developing Better Measures of Marketing Constructs [J]. Journal of Marketing Research, 1979 (16): 64-73.

[64] Cohen R.. The Corporation and Its Publics [M]. New York: John Wiley & Sons, 1963.

[65] Cornelissen J. P., Haslam S. A., Balmer J. M. T.. Social Identity, Organizational Identity and Corporate Identity: Towards an Integrated Understanding of Processes, Patternings and Products [J]. British Journal of Management, 2007 (18): S1-S16.

[66] Cornwell T. B., Humphreys M. S., Maguire A. M., Weeks C. S., Tellegen C. L.. Sponsorship-Linked Marketing: The Role of Articulation in Memory [J]. Journal of Consumer Research, 2006 (33): 312.

[67] Creyer E. H., Ross W.T.. The Impact of Corporate Behavior on Perceived

Product Value [J]. Marketing Letters, 1996 (7): 173–185.

[68] Curlo E., Chamblee R.. Ad Processing and Persuasion: The Role of Brand Identification [J]. Psychology and Marketing, 1998 (15): 279.

[69] Dan C.. Brand Portfolio Strategy [J]. The Journal of Product and Brand Management, 2005 (14): 468.

[70] Dacin P. A., Tom J. B.. Corporate Identity and Corporate Associations: A Framework of Future Research [J]. Corporate Reputation Review, 2002 (5): 254–263.

[71] Dacin P. A., Tom J. B.. Corporate Branding, Identity, and Customer Response [J]. Journal of Academy of Marketing Science, 2006 (34): 95–98.

[72] Day G. S., Deutscher T.. Attitudinal Predictions of Choices of Major Appliance Brands [J]. Journal of Marketing Research, 1982 (19): 192–198.

[73] David Glen M., Susan F.. Paradoxes of Technology: Consumer Cognizance, Emotions, and Coping Strategies [J]. Journal of Consumer Research, 1998 (25): 123–143.

[74] David Glen M., Susan F.. I Can't Get No Satisfaction (without Really Knowing Customers' Experiences) [J]. American Marketing Association. Conference Proceedings, 2000 (11): 81.

[75] Denegri–Knott J., Zwick D., Schroede J. E.. Mapping Consumer Power: An Integrative Framework for Marketing and Consumer Research[J]. European Journal of Marketing, 2006 (40): 950–971.

[76] Dhar R., Simonson I.. The Effect of the Focus of Comparison on Consumer Preference [J]. Journal of Marketing Research, 1992 (29): 430–440.

[77] Dholakia U.M., Bagozzi R. P., Pearo L. K.. A Social Influence Model of Consumer Participation in Network and Small–Group–Based Virtual Communities [J]. International Journal of Research in Marketing, 2004 (21): 241–263.

[78] Dodds W. B., Monroe K. B., Grewal D.. Effects of Price, Brand, and Store Information on Buyer's Product Evaluations [J]. Journal of Marketing Research, 1991 (28): 307–319.

[79] Donavan D. T., Swinder J., Jaebeom S.. Environmental Influences in Cor-

porate Brand Identification and Outcomes [J]. Journal of Brand Management, 2006 (14): 125.

[80] Donna J. Wood R. E. J.. Stakeholder Mismatching: A Theoretical Problem In Empirical Research on Corporate Social Performance [J]. International Journal of Organizational Analysis, 1995 (3): 229-267.

[81] Dowling G. R.. Developing Your Company Image into a Corporate Asset [J]. Long Range Planning, 1993 (26): 101-109.

[82] Dukerich J. M., Golden B. R., Shortell S.M.. Beauty Is in the Eye of the Beholder: The Impact of Organizational Identification, Identity, and Image on the Cooperative Behaviors of Physician [J]. Administrative Science Quarterly, 2002 (47): 507-533.

[83] Dutton J. E., Dukerich J. M., Harquail C. V.. Organizational Images and Member Identification [J]. Administrative Science Quarterly, 1994 (39): 239-263.

[84] Du S. L., Bhattacharya C. B., Sen S.. Reaping Relational Rewards from Corporate Social Responsibility: The Role of Competitive Positioning [J]. International Journal of Research in Marketing, 2007 (24): 224-241.

[85] Dick V. R., Wagner U., Stellmacher J., Christ O.. The Utility of a Broader Conceptualization of Organizational Identification: Which Aspects Really Matter? [J]. Journal of Occupational and Organizational Psychology, 2004 (77): 171-191.

[86] Einwiller S. A., Fedorikhin A., Johnson A. R., Kamins M. A.. Enough is Enough! When Identification No Longer Prevents Negative Corporate Associations [J]. Journal of the Academy of Marketing Science, 2006 (34): 185-194.

[87] Eleonora C., Robert C.. Ad Processing and Persuasion: The Role of Brand Identification [J]. Psychology & Marketing (1986-1998), 1998 (15): 279-299.

[88] Feinberg F. M., Kahn B. E., McAlister L.. Market Share Response When Consumers Seek Variety [J]. Journal of Marketing Research, 1992 (29): 227-237.

[89] Feldman J. M., Lynch J. G. Jr.. Self-Generated Validity: Effects of Measurement on Belief, Attitude, Intention, and Behavior[J]. Journal of Applied Psychology, 1988 (73): 421-435.

[90] Festinger L.. A Theory of Social Comparison Processes [J]. Human Rela-

tions, 1954 (7): 117–140.

[91] Fisher R. J., Wakefield K.. Factors Leading to Group Identification: A Field Study of Winners and Losers [J]. Psychology & Marketing, 1998 (15): 23–40.

[92] Fombrun C. J., Shanley M.. What's in a Name? Reputation Building and Corporate Strategy [J]. Academy of Management Journal, 1990 (33): 233–258.

[93] Fombrun C. J., Naomi A., Gardberg J. M.. Sever The Reputation Quotient: A Multi–Stakeholder Measure of Corporate Reputation[J]. Journal of Brand Management, 2000 (7): 241–255.

[94] Fournier S.. Consumers and Their Brands: Developing Relationship Theory in Consumer Research [J]. Journal of Consumer Research, 1998 (24): 343–373.

[95] Fournier S., Yao J. L.. Reviving Brand Loyalty: A Reconceptualization within the Framework of Consumer–Brand Relationships [J]. International Journal of Research in Marketing, 1997 (14): 451.

[96] Franziska V., Henrik S.. Empirical Generalizability of Consumer Evaluations of Brand Extensions [J]. International Journal of Research in Marketing, 2007 (24): 149–162.

[97] Festinger L.. A Theory of Social Comparison Processes[J]. Human Relations, 1954 (7): 117–140.

[98] Fiske S. T., Neuberg S. L.. A Continuum of Impression–Formation, from Category–Based to Individuting Process–Influences of Information and Motivation on Attention and Interpretation [J]. Advances in Experiment Social Psychology, 1990 (23): 1–74.

[99] Gabriel J. B., Daniel, A. S.. The Influence of Corporate Messages on the Product Portfolio [J]. Journal of Marketing, 2007 (71): 12–25.

[100] Goldberg M. E., Hartwick J.. The Effects of Advertiser Reputation and Extremity of Advertising Claim on Advertising Effectiveness [J]. Journal of Consumer Research, 1990 (17): 172–179.

[101] Graeff T. R.. Reducing Uninformed Responses: The Effects of Product-class Familiarity and Measuring Brand Knowledge on Surveys [J]. Psychology & Marketing, 2007 (24): 681–702.

[102] Greenberg A.. Pictorial Stereotypes in a Projective Test [J]. Journal of Marketing (pre-1986), 1959 (24): 72a.

[103] Greifeneder R., Bless H., Kuschmann T.. Extending the Brand Image on New Products: The Facilitative Effect of Happy Mood States [J]. Journal of Consumer Behaviour, 2007 (6): 19-31.

[104] Guido B., Cees B. M. v. R., Gerrit H. v. B.. Corporate Associations and Consumer Product Responses: The Moderating Role of Corporate Brand Dominance [J]. Journal of Marketing, 2005 (69): 35-48.

[105] Gürhan-Canli Z. and Batra R.. When Corporate Image Affects Product Evaluations: The Moderating Role of Perceived Risk [J]. Journal of Marketing Research, 2004 (41): 197-205.

[106] George J. M., Brief A. P.. Feeling Good-doing Good: A Conceptual Analysis of the Mood at Work-Organizational Spontaneity Relationship [J]. Psychological Bulletin, 1992 (112): 310-329.

[107] Gioia D. A.. From Individual to Organizational identity [J]. Identity in Organizations: Building Theory through Conversations, 1998 (11): 17-31.

[108] Hall R.. A Framework Linking Intangible Resources and Capabilities to Sustainable Competitive Advantage [J]. Strategic Management Journal, 1993 (14): 607-618.

[109] Handelman J. M.. Corporate Identity and the Societal Constituent [J]. Journal of the Academy of Marketing Science, 2006 (34): 107-114.

[110] Hatch M. J., Schultz M.. Relations between Organizational Culture, Identity and Image [J]. European Journal of Marketing, 1997 (31): 356-365.

[111] Hatch M. J., Schultz, M.. Bring the Corporation into Corporate Branding [J]. European Journal of Marketing, 2003 (37): 1041-1064.

[112] He H. W., Balmer J. M. T.. Identity Studies: Multiple Perspectives and Implications for Corporate-level Marketing [J]. European Journal of Marketing, 2007 (41): 765-785.

[113] He H.W., Brown A.D.. Organizational Identity and Organizational Identification: A Review of the Literature and Sugesstions for Future Research [J]. Group

& Organization Manangement, 2013 (38): 3-35.

[114] Heath R., Brandt D., Nairn A.. Brand Relationships: Strengthened by Emotion, Weakened by Attention [J]. Journal of Advertising Research, 2006 (46): 410-419.

[115] Heaton E. E., Jr.. Testing a New Corporate Name [J]. Journal of Marketing Research, 1967 (4): 279-285.

[116] Herrmann A., Huber F., Shao A. T., Yeqing B.. Building Brand Equity via Product Quality [J]. Total Quality Management & Business Excellence, 2007 (18): 531-544.

[117] Hess J., Story J.. Trust-based Commitment: Multidimensional Consumer-brand Relationships[J]. Journal of Consumer Marketing, 2005 (22): 313-322.

[118] Higgins E. T.. Knowledge Accessibility and Activation: Subjectivity and Suffering from Unconscious Sources [J]. Unintended Thought, 1989 (3): 75-123.

[119] Higgins E. T., King G.. Accessibility of Social Constructs: Information Processing Consequences of Individual and Contextual Variability [J]. Personality, Cognition and Social Interaction, 1981 (69): 121.

[120] Hill E. W.. Corporate Images Are Not Stereotypes [J]. Journal of Marketing (pre-1986), 1962 (26): 72-75.

[121] Hoeffler S., Keller K. L.. The Marketing Advantages of Strong Brands [J]. Journal of Brand Management, 2003 (10): 421-445.

[122] Hogg M. A., Terry D. J.. Social Identity and Self-categorization Processes in Organizational Contexts [J]. Academy of Management Review, 2000 (25): 121-140.

[123] Hughes D. A.. Marketing and Corporate Image: The Company as Your No. 1 Product [J]. Marketing Research, 1992 (4): 52.

[124] Innocent N., Yeqing B., William C. J., Herbert V. B.. Product Fit and Consumer Attitude toward Brand Extensions: The Moderating Role of Product Involvement [J]. Journal of Marketing Theory and Practice, 2005 (13): 449-461.

[125] James L. R., Brett J. M.. Mediators, Moderators and Tests for Mediation [J]. Journal of Applied Psychology, 1984 (69): 307-321.

[126] Jaju A., Joiner C., Reddy S. K.. Consumer Evaluations of Corporate Brand Redeployments [J]. Journal of the Academy of Marketing Science, 2006 (34): 206-215.

[127] Jose M. P., Eva M., Leslie de C., Susan D.. The Effect of Service Brand Extensions on Corporate Image: An Empirical Model [J]. European Journal of Marketing, 2006 (40): 174-197.

[128] Johnson M.H.. Processes of Change in Brain and Cognitive Development [J]. Trends in Cognitive Sciences, 2005 (9): 152-158.

[129] Keller K. L.. Strategic Brand Management: Building, Measuring, and Managing Brand Equity [J]. New Jersey: Pearson Prentice Hall, 1998 (2003): 2008.

[130] Keller K. L., Aaker D. A.. The Effects of Corporate Images and Branding Strategies on New Product Evaluations [D]. In Working Papers (Faculty) -Stanford Graduate School of Business Stanford Business School, 1992.

[131] Keller K. L., Lehmann D. R.. Brands and Branding: Research Findings and Future Priorities [J]. Marketing Science, 2006 (25): 740-759.

[132] Keller K. L.. Brand Synthesis: The Multidimensionality of Brand Knowledge [J]. Journal of Consumer Research, 2003 (29): 595-600.

[133] Kennedy S. H.. Nurturing Corporate Images: Total Communication or Ego Trip? [J]. European Journal of Marketing, 1977 (11): 119-164.

[134] Kim C. K., Han D. and Park S. B.. The Effect of Brand Personality and Brand Identification on Brand Loyalty: Applying the Theory of Social Identification [J]. Japanese Psychological Research, 2001 (43): 195-206.

[135] Kunda Ziva. Social Cognition: Making Sense of People [M]. Cambridge. MA: MIT Press, 1999.

[136] Kuzma J. R., Veltri F. R., Kuzma A. T., Miller, J. J.. Negative Corporate Sponsor Information: The Impact on Consumer Attitudes and Purchase Intentions [J]. International Sports Journal, 2003 (7): 140.

[137] Kramer A.F.. Perceptual Organization and Focused Attention: The Role of Objects and Proximity in Visual Processing [J]. Percept Psychophys, 1991 (50):

267–284.

[138] Lafferty B. A., Goldsmith R. E.. Corporate Credibility's Role in Consumers' Attitudes and Purchase Intentions When a High versus a Low Credibility Endorser Is Used in the Ad [J]. Journal of Business Research, 1999 (44): 109–116.

[139] LaForet S., Saunders J. Managing Brand Portfolios: How the Leaders Do It [J]. Journal of Advertising Research, 1994 (34): 64–76.

[140] Lapierre J.. The Role of Corporate Image in the Evaluation of Business-to-business Professional Services: The Case of Consulting Engineers [J]. Journal of Professional Services Marketing, 1998 (16): 21.

[141] Laroche M., Kim C., Zhou L.. Brand Familiarity and Confidence as Determinants of Purchase Intention: An Empirical Test in a Multiple Brand Context [J]. Journal of Business Research, 1996 (37): 115–120.

[142] Lars Thoger C., Soren A.. Corporate Identity and Corporate Image Revisited–A Semiotic Perspective [J]. European Journal of Marketing, 2001 (35): 292.

[143] Lattin J. M., Bucklin R. E.. Reference Effects of Price and Promotion on Brand Choice Behavior [J]. Journal of Marketing Research, 1989 (26): 299–310.

[144] Laura D., Lisa M., Shelagh F.. Magazine Communities: Brand Community Formation in Magazine Consumption [J]. The International Journal of Sociology and Social Policy, 2007 (27): 208.

[145] Leclerc F., Schmitt B. H., Dube L.. Foreign Branding and Its Effects on Product Perceptions and Attitudes [J]. Journal of Marketing Research, 1994 (31): 263–270.

[146] Leenheer J., van Heerde H. J., Bijmolt T. H. A., Smidts A.. Do Loyalty Programs Really Enhance Behavioral Loyalty? An Empirical Analysis Accounting for Self-selecting Members [J]. International Journal of Research in Marketing, 2007 (24): 31–47.

[147] Levin Irwin P., Aron M. Levin. Modeling the Role of Brand Alliances in the Assimilation of Product Evaluation Journal of Consumer Psychology, 2000 (9): 43–52.

[148] Lichtenstein D. R., Drumwright M. E. and Braig B. M.. The Effect of Corporate Social Responsibility on Customer Donations to Corporate-supported Nonprofits [J]. Journal of Marketing, 2004 (68): 16-32.

[149] Luo X., Bhattacharya C. B.. Corporate Social Responsibility, Customer Satisfaction, and Market Value [J]. Journal of Marketing, 2006 (70): 1-18.

[150] Mael F. A., Ashforth B. E.. Alumni and Their Alma Mater: A Partial Test of the Reformulated Model of Organizational Identification [J]. Journal of Organizational Behavior, 1992 (13): 103-123.

[151] Mandler G.. The Structure of Value: Accounting for Taste in Affect and Cognition: The 17th Annual Carnegie Symposium on Cognition [R]. Margaret S. Clark and Susan T. Fiske, Hillsdale, NJ: Lawrence Erlbaum Associations, 1986: 3-36.

[152] Maria K., Mark C., Michel L., Robert L.. The Critical Role of Congruency in Prototypical Brand Extensions [J]. Journal of Strategic Marketing, 2006 (14): 193.

[153] Marin L., Ruiz S.. "I need you too!" -Corporate Identity Attractiveness for Consumers and the Role of Social Responsibility [J]. Journal of Business Ethics, 2007 (71): 245-260.

[154] Markus H. R., Wurf E.. The Dynamic Self-Concept: A Social-Psychological Perspective [J]. Annual Review of Psychology, 1987 (38): 299-337.

[155] Mary R. Z., Subodh B.. The Reciprocal Effects of Extension Quality and Fit on Parent Brand Attitude [J]. The Journal of Product and Brand Management, 2004 (13): 37-46.

[156] Mary W. S.. How Brand Names Affect the Demand for Twin Automobiles [J]. Journal of Marketing Research, 1998 (35): 154-165.

[157] Maureen M.. The Impact of Brand Extensions on Parent Brand Memory Structures and Retrieval Processes [J]. Journal of Marketing Research, 1999 (36): 517-525.

[158] Mehta N.. Investigating Consumers' Purchase Incidence and Brand Choice Decisions across Multiple Product Categories: A Theoretical and Empirical Analysis

[J]. Marketing Science, 2007 (26): 196-217.

[159] Meyers-Levy J., Tybout A. M.. Schema Congruity as a Basis for Product Evaluation [J]. Journal of Consumer Research, 1989 (16): 39-54.

[160] Mohr L. A., Webb D. J.. The Effects of Corporate Social Responsibility and Price on Consumer Responses [J]. Journal of Consumer Affairs, 2005 (39): 121-147.

[161] Mukherjee A., Balmer J. M. T.. New Frontiers and Perspectives in Corporate Brand Management: In Search of a Theory [J]. International Studies of Management & Organization, 2007 (37): 3-19.

[162] Muniz Jr A. M. and O'Guinn T. C.. Brand Community [J]. Journal of Consumer Research, 2001 (27): 412-432.

[163] Murali C., Kristin R., Stephen S. T., Rajdeep G.. Satisfaction Strength and Customer Loyalty [J]. Journal of Marketing Research, 2007 (44): 153-163.

[164] Mihalyi L. J.. Ethnocentrism vs. Nationalism: Origin and Fund Amental Aspects of a Major Problem for The Future [J]. Humboldt Journal of Social Relations, 1984 (12): 95-113.

[165] Morgan J. M., Reynolds C. M., Nelson T. J. Johanningmeier A. R., Griffin M., Andrade P.. Tales from the Fields: Sources of Employee Identification in Agribusiness [J]. Management Communication Quarterly, 2004 (17): 360-395.

[166] Mowday R. T., Richard M. S., Lyman W. P.. The Measurement of Organizational Commitment [J]. Journal of Vocational Behavior, 1979 (14): 224-247.

[167] Mowday R. T.. Unit Performance, Sitational Factors, and Employee Attitudes in Spatially Separated Work Units [J]. Organizational Behavior and Human Performance, 1974 (12): 231-248.

[168] Nayyar Praveen R.. Information Asymmetries: A Source of Competitive Advantage for Diversified Service Firms [J]. Strategic Management Journal, 1990 (11): 513-519.

[169] Ng S-h., Chiu C-y. & C. Candlin.. Communication, Culture, and Identity: Overview and Synthesis [A]. In S-h. Ng, C. Candlin & C-y. Chiu (eds.), Language Matters: Communication, Culture, and Social Identity [C]. Hong Kong:

City University of Hong Kong Press, 2004.

[170] Nha N., Gaston L.. The Mediating Role of Corporate Image on Customers' Retention Decisions: An Investigation in Financial Services [J]. The International Journal of Bank Marketing, 1998 (16): 52-65.

[171] Nandan R., Rai R. R.. Jayakanth. Regulating Grown and Flatness during Hot Rolling: A Multiobjective Optimization Study Using Genetic Algorithms [J]. Materials and Manufacturing Processes, 2005 (20): 459-478.

[172] Olins W.. Corporate Identity [M]. Boston: Harvard Business School Press, 1989.

[173] O' Cass A ., Grace D .. Exploring Consumer Experiences with a Service Brand [J]. Journal of Product and Brand Management, 2004 (13): 257-268.

[174] O' Reilly C., Chatman J.. Organizational Commitment and Psychological Attachment: The Effects of Compliance, Identification and Internalization on Prosocial Behavior [J]. Journal of Applied Psychology, 1986 (71): 492-499.

[175] Orth U. R., de Marchi R.. Understanding the Relationships between Functional, Symbolic, and Experiential Brand Beliefs, Product Experiential Attributes, And Product Schema Advertising-trial Interactions Revisited [J]. Journal of Marketing Theory & Practice, 2007 (15): 219-233.

[176] Park C. W., Bemard J. J., Deborah J. M. Strategic Brand Concept-Image Management [J]. Journal of Marketing, 1986, 50 (October): 621-635.

[177] Patchen M.. Participation, Achievement and Involvement on the Job [M]. Englewood Cliffs, NJ: Prentice-Hall, 1970.

[178] Pelled L. H., Cummings T. G., Kizilos M. A.. The Influence of Organizational Demography on Customer -Oriented Prosocial Behavior: An Exploratory Investigation [J]. Journal of Business Research, 2000 (47): 209-216.

[179] Petroshius S. M., Monroe K. B.. Effect of Product-line Pricing Characteristics on Product Evaluations [J]. Journal of Consumer Research, 1987 (13): 511-519.

[180] Porter M. E., Kramer M. R.. Strategy & Society: The Link between Competitive Advantage and Corporate Social Responsibility [J]. Harvard Business Re-

view, 2006 (84): 78-92.

[181] Pratt M. G. To Be or Not to Be: Central Questions in Organizational Identification, in Identity in Organization: Building Theory Through Conversations [R]. David A. Whetten and Paul C. Godfrey, eds. Thousand Oaks, CA: Sage Publications, 1998: 171-207.

[182] Podsakoff P. M., Brian P., MacKenzie S., Williams M.. Do Substitutes for Leadership Really Substitute for Leadership? An Empirical Examination of Kerr and Jermier's Situational Leadership Model [J]. Organizational Behavior and Human Decision Processes, 1993 (54): 1-44.

[183] Polzer J.T.. How Subgroup Interests and Reputations Moderate the Effect of Organizational Identification on Cooperation [J]. Journal of Management, 2004 (30): 71-96.

[184] Rao A. R., Kent B Monroe.. The Effect of Price, Brand Name, and Store Name on Buyers' Perceptions of Product Quality: An Integrative Review [J]. Journal of Marketing Research, 1989 (26): 351-357.

[185] Rao A.R., Qu L., Rueker R.W.. Signaling Unobservable Product Quality through a Brand Ally [J]. Journal of Marketing Research, 1999 (36): 258-268.

[186] Rajan V., Mark P. D., Paul S. B.. Brand Portfolio, Corporate Image, and Reputation: Managing Brand Deletions [J], Journal of the Academy of Marketing Science, 2006 (34): 195-205.

[187] René Algesheimer, Utpal M. D., Andreas H.. The Social Influence of Brand Community: Evidence from European Car Clubs [J]. Journal of Marketing, 2005 (69): 19-34.

[188] Roccas S., Brewer M. B.. Social Identity Complexity [J]. Personality & Social Psychology Review (Lawrence Erlbaum Associates), 2002 (6): 88-106.

[189] Rozek R. P.. Brand Identification and Advertising: The Case of a Generic Trademark [J]. Applied Economics, 1982 (14): 235-248.

[190] Russell A., Thabiso N. M. Development and Management of Corporate Image in South Africa [J]. European Journal of Marketing, 2001 (35): 368-386.

[191] Riketta M.. Organizational Identification: A meta-analysis [J]. Journal of

Vocational Behavior, 2005 (66): 358-384.

[192] Schoenfelder J., Harris P.. High-tech Corporate Branding: Lessons for Market Research in the Next Decade [J]. Qualitative Market Research, 2004 (7): 91-99.

[193] Schultz M., Hatch M. J.. The Cycles of Corporate Branding: The Case of the LEGO Company [J]. California Management Review, 2003 (46): 6-24.

[194] Scott S. G., Susanne G., Lane V.R.. A Stakeholder Approach to Organizational Identity [J]. Academy of Management Review, 2000 (25): 43-62.

[195] Sen S., Bhattacharya C. B., Korschun D.. The Role of Corporate Social Responsibility in Strengthening Multiple Stakeholder Relationships: A Field Experiment [J]. Journal of the Academy of Marketing Science, 2006 (34): 158-166.

[196] Sen S., Bhattacharya C. B.. Does Doing Good Always Lead to Doing Better? Consumer Reactions to Corporate Social Responsibility [J]. Journal of Marketing Research, 2001 (38): 225-243.

[197] Shah J. Y., Kruglanski A.W.. When Opportunity Knocks: Bottom-Up Priming of Goals by Means and Its Effects On Self-Regulation [J]. Journal of Personality and Social Psychology, 2003 (84): 1109-1122.

[198] Shimp T. A., Sharma S.. Consumer Ethnocentrism: Construction and Validation of the CETSCALE [J]. Journal of Marketing Research, 1987 (24): 280-289.

[199] Simoes C., Dibb S., Fisk R. P.. Managing Corporate Identity: An internal Perspective [J]. Journal of the Academy of Marketing Science, 2005 (33): 153-168.

[200] Simon B., Hamilton D.L.. Self-stereotyping and Social Context: The Effects of Relative In-group Size and In-group Status [J]. Journal of Personality and Social Psychology, 1994 (66): 699-711.

[201] Simon K.. Positioning and Branding Your Organization [J]. The Journal of Product and Brand Management, 2004 (13): 105-115.

[202] Simon K., Stan M.. Corporate Social Responsibility: Moving Beyond Investment towards Measuring Outcomes [J]. European Management Journal, 2004

(22): 508-516.

[203] Simon K., Stan M., Paul F.. Corporate Social Responsibility: Exploring Stakeholder Relationships and Program Reporting across Leading FTSE Companies [J]. Journal of Business Ethics, 2005 (61): 7-28.

[204] Simonin B.L., Ruth J.A.. Is a Company Known by the Company It Keeps? Assessing the Spillover Effects of Brand Alliances on Consumer Brand Attitudes [J]. Journal of Marketing Research, 1998 (35): 30-42.

[205] Sinclair J., Irani T.. Advocacy Advertising for Biotechnology—The Effect of Public Accountability on Corporate Trust and Attitude toward the Ad [J]. Journal of Advertising, 2005 (34): 59-73.

[206] Singleton R.A.J., Straits B.C.. Approaches to Social Research (3rd edition) [M]. Oxford: Oxford University Press, 1999.

[207] Siomkos G. J., Kurzbard G.. The Hidden Crisis in Product-harm Crisis Management [J]. European Journal of Marketing, 1994 (28): 30-41.

[208] Smidts A., Pruyn A. H., Van-Riel C. B. M.. The Impact of Employee Communication and Perceived External Prestige on Organizational Identification [J]. Academy of Management Journal, 2001 (49): 1051-1062.

[209] Smit E., Bronner F., Tolboom M. Brand Relationship Quality and Its Value for Personal Contact [J]. Journal of Business Research, 2007 (60): 627-633.

[210] Smith D.C., Park C. W.. The Effect of Brand Extensions on Market Share and Advertising Efficiency [J]. Journal of Marketing Research, 1992 (8): 296-313.

[211] Smith R. E.. Integrating Information from Advertising and Trial [J]. Journal of Marketing Research, 1993 (30): 204-219.

[212] Smith T., Basu K.. A View from the Top: The Impact of Market Share Dominance on Competitive Position [J]. Journal of Brand Management, 2002 (10): 19-32.

[213] Souiden N., Kassim N. M., Hong H. J.. The Effect of Corporate Branding Dimensions on Consumers' Product Evaluation—A Cross-cultural Analysis[J]. European Journal of Marketing, 2006 (40): 825-845.

[214] Spector A. J.. Basic Dimensions of the Corporate Image [J]. Journal of

Marketing, 1961 (25): 47-51.

[215] Spencer-Rodgers J., Williams M. J., Hamilton D. L., Peng K., Wang L.. Culture and Group Perception: Dispositional and Stereotypic Inferences about Novel and National Groups [J]. Journal of Personality and Social Psychology, 2007 (93): 525-543.

[216] Stijn M. J. V. O., Chris J.. Two Ways of Learning Brand Associations [J]. Journal of Consumer Research, 2001 (28): 202-223.

[217] Suvatjis J. Y., Chernatony L. D.. Corporate Identity Modeling: A Review and Presentation of a New Multi-dimensional Model[J]. Journal of Marketing Management, 2005 (21): 809-834.

[218] Susan F., David G.M.. Rediscovering Satisfaction [J]. Journal of Marketing, 1999 (63): 5-23.

[219] Susan F., Susan D., David G. M.. Preventing the Premature Death of Relationship Marketing [J]. Harvard Business Review, 1998 (76): 42-45.

[220] Sylvie L., John S.. Managing Brand Portfolios: How Strategies Have Changed [J]. Journal of Advertising Research, 2005 (45): 314-327.

[221] Schrodt P.. The Relationship between Organizational Identification and Organizational Culture: Employee Perceptions of Culture and Identification in a Retail Sales Organization [J]. Communication Studies, 2002 (53): 189-202.

[222] Sherif M.. Psychological Harmony and Conflict in Minority Group Ties [J]. 1961 (22): 207-222.

[223] Summer W. G.. The Sociological Importance of Usages, Manner, Custom, Mores, and Morals [M]. New York: Ginn & Co, 1906.

[224] Tajfel H. Experiments in Ingroup Discrimination [J]. Scientific American, 1970 (5): 223.

[225] Tajfel H., Billig M. G., Bundy R. P.. Social Categorization and intergroup Behavior [J]. European Journal of Social Psychology, 1971 (1): 149-178.

[226] Tajfel H.. Social Identity and Intergroup Relations [M]. Cambridge: Cambridge University Press, 1982.

[227] Tajfel H., Turner J. C.. The Social Identity Theory of Intergroup Behavior,

in Psychology of Intergroup Relations [M]. Chicago: Nelson-Hall, 1985: 6-24.

[228] Tajfel H. Differentiation Between Social Groups: Studies in the Social Psychology of Intergroup Relations [M]. London: Academic Press, 1978.

[229] Theodore C. Jr., Gilbert A. L., Margaret L. C.. Measurement of Corporate Images by the Semantic Differential [J]. Journal of Marketing Research, 1965 (2): 80-82.

[230] Tse D. K., Lee W.. Removing Negative Country Images: Effects of Decomposition, Branding, and Product Experience [J]. Journal of International Marketing, 2001 (1): 25-48.

[231] Tucker W. T.. How Much of the Corporate Image Is Stereotype? [J]. Journal of Marketing, 1961 (25): 61.

[232] Turner J. C.. Toward a Cognitive Redefinition of the Social Group. Social Identity and Intergroup Behavior [M]. Cambridge, England: Cambridge University Press. 1982: 15-40.

[233] Turner J. C., Hogg M. A., Oakes P. J., Reicher S. D., Wetherell M. S.. Rediscovering the Social Group: A Self-categorication Theory [M]. Oxford: Blackwell, 1987.

[234] Veloutsou C.. Identifying the Dimensions of the Product-Brand and Consumer Relationship [J]. Journal of Marketing Management, 2007 (23): 7-26.

[235] Rao V. R., Agarwal M. K., Dahlhoff D.. How Is Manifest Branding Strategy Related to the Intangible Value of a Corporation? [J]. Journal of Marketing, 2004 (68): 126-141.

[236] Vrontis D., Papasolomou I.. Brand and Product Building: The Case of the Cyprus Wine Industry[J]. Journal of Product & Brand Management, 2007 (16): 159-167.

[237] Wan-Huggins, Veronica N., Christine M. R., Rodger W. G.. The Development and Longitudinal Test of a Model of Organizational Identification [J]. Journal of Applied Social Psychology, 1998 (28): 724-749.

[238] Wansink B.. The Impact of Source Reputation on Inference about Unadvertised Attributes [J]. Advances in Consumer Research, 1989 (16): 399-406.

[239] Ward M., Lee M.. Internet Shopping, Consumer Search and Product Branding [J]. The Journal of Product and Brand Management, 2000 (9): 6–20.

[240] Watson B., Gallois C.. Language Matters: Communication, Culture, and Social Identity [M]. Hong Kong: City University of Hong Kong Press, 2004.

[241] Wernerfelt B.. Umbrella Branding As a Signal of New Product Quality: An Example of Signaling by Posting a Bond [J]. Rand Journal of Economics, 1988 (19): 458–466.

[242] Whetten D. A., Godfrey P. C.. Identity in Organizations: Building Strategy through Conversations [M]. CA: Sage Publications, 1998.

[243] Wansink B., Kent R. J.. An Anchoring and Adjustment Model of Purchase Quantity Decisions [J]. Journal of Marketing Research, 1998 (35): 71.

[244] William M., Catton Jr.. The Functions and Dysfunctions of Ethnocentrism: A Theory [J] . Social Problems, 1960 (8): 201–211.

[245] Zeynep G. C.. The Effect of Expected Variability of Product Quality and Attribute Uniqueness on Family Brand Evaluations [J]. Journal of Consumer Research, 2003 (30): 105–114.

[246] Zeynep G. C., Rajeev B.. When Corporate Image Affects Product Evaluations: The Moderating Role of Perceived Risk [J]. Journal of Marketing Research, 2004 (41): 197–205.

[247] 宝贡敏，徐碧祥. 组织认同理论研究述评 [J]. 外国经济与管理，2006 (1)：39–45.

[248] 陈晓萍，徐淑英，樊景立. 组织与管理研究的实证方法 [M]. 北京：北京大学出版社，2008.

[249] 方文. 欧洲社会心理学的成长历程[J]. 心理学报，2002 (6)：651–655.

[250] 方文. 群体符号边界如何形成？——以北京基督教新群体为例 [J]. 社会学研究，2005 (1)：25–59.

[251] 方文. 学科制度和社会认同 [M]. 北京：中国人民大学出版社，2008.

[252] 郭志刚. 社会统计分析方法——SPSS 软件应用 [M]. 北京：中国人民大学出版社，2003.

[253] 黄炽森. 组织行为和人力资源研究方法入门 [M]. 北京：中国财政经

济出版社，2006.

［254］卢泰宏，吴水龙，朱辉煌，何云. 品牌理论里程碑探析［J］. 外国经济与管理，2009（1）：32-42.

［255］卢泰宏，周志民. 基于品牌关系的品牌理论：研究模型及展望［J］. 商业经济与管理，2003（2）：4-8.

［256］刘军. 管理研究方法——原理与应用［M］. 北京：中国人民大学出版社，2008.

［257］李鹏举，晁钢令，黄沛. 公司品牌化时代商店形象的新维度及营销效应：对属性化测量的改进［J］. 管理评论，2017（29）：187-198.

［258］李正. 企业社会责任与企业价值的相关性研究——来自沪市上市公司的经验证据［J］. 中国工业经济，2006（2）：77-83.

［259］［英］艾森克. 心理学—— 一条整合的途径［M］. 阎巩固译. 上海：华东师范大学出版社，2000.

［260］金立印. 企业社会责任运动测评指标体系实证研究——消费者视角［J］. 中国工业经济，2006（6）：114-120.

［261］金立印. 消费者企业认同感对产品评价及行为意向的影响［J］. 南开管理评论，2006（3）：16-21.

［262］Taylor S.，Peplau D.，Sears D. 社会心理学［M］. 谢晓非，谢东梅等译. 北京：北京大学出版社，2004.

［263］王海忠. 消费者民族中心主义：中国实证与营销诠释［M］. 北京：经济管理出版社，2002.

［264］王海忠，赵平. 公司品牌形象对经销商关系导向的影响——基于主导地位制造商的中国实证［J］. 中国工业经济，2008（3）：93-100.

［265］吴水龙，卢泰宏，蒋廉雄. 公司品牌研究述评［J］. 外国经济与管理，2009（3）：30-37.

［266］吴水龙，卢泰宏. 公司品牌与产品品牌对购买意向影响的实证研究［J］. 管理学报，2009（1）：112-117.

［267］温素彬，方苑. 企业社会责任与财务绩效关系的实证研究——利益相关者视角的面板数据分析［J］. 中国工业经济，2008（10）：150-160.

［268］王彦斌. 管理中的组织认同——理论建构及对转型中国有企业的实证

分析 [M]. 北京：人民出版社，2004.

[269] 杨一翁，孙国辉. 战略视角下的公司品牌研究：一个量表的开发 [J]. 中国管理科学，2013 (2)：535-541.

[270] 于春玲，王海忠，赵平，林冉. 品牌忠诚驱动因素的区域差异分析 [J]. 中国工业经济，2005 (12)：115-121.

[271] 于洪彦，袁平，刘艳彬. 网络中选择环境对多样化寻求行为的影响研究 [J]. 南开管理评论，2008 (3)：31-38.

[272] 张莹瑞，佐斌. 社会认同理论及其发展 [J]. 心理科学进展，2006 (3)：475-480.

[273] 周延风，罗文恩，肖文建. 企业社会责任行为与消费者响应——消费者个人特征和价格信号的调节 [J]. 中国工业经济，2007 (3)：62-69.

[274] 周祖城，张漪杰. 企业社会责任相对水平与消费者购买意向关系的实证研究 [J]. 中国工业经济，2007 (9)：111-118.

[275] 赵志裕，温静，谭俭邦. 社会认同的基本心理历程——香港回归中国的研究范例 [J]. 社会学研究，2005 (5)：202-223.

[276] 朱阁，马龙，Sangwan Sunanda，吕廷杰. 基于社会认知理论的消费者采用模型与实证研究 [J]. 南开管理评论，2010 (3)：12-21.

附　录

附录 A——实验 1 材料

实验指导语 *

各位同学：

今天我们将进行一个简单的纸笔实验。大家首先将阅读到一篇从《21 世纪经济报道》复印出来的专栏文章，该文章由《21 世纪经济报道》财经首席记者撰写，请各位同学仔细阅读。之后，请同学们翻到下一页，有一款在专栏文章中提及的产品及其图片，在看完产品图片后，请仔细选择后面的题项。

在大约 30 分钟的实验中，请同学们专注自己手中的材料，并保持安静。确认仔细阅读并做完后面的选择题项之后，请安静等待，我们将统一收齐问卷。谢谢大家的配合！

---

* 实验 2、实验 3 和实验 4 中的实验指导语与此类似，因此不再予以单列。

附录 A1（实验 1）

市场动态	2008.10.8 编辑 陈 龙	21 世纪经济报道

品牌漫谈

本报首席财经记者 骆 毅 上海报道

公司品牌化和产品品牌化是公司制胜的主要竞争战略。公司品牌通常被消费者称为公司形象，比如对于 2008 年度公布的全球品牌 500 强，指的就是公司品牌，如宝洁、强生、中国移动等，消费者会说这些全球 500 强企业具有良好的公司形象。产品品牌是企业对推出的具体某款产品进行品牌化，如宝洁公司品牌旗下的洗发水产品，拥有潘婷、飘柔和海飞丝等不同产品品牌。强大的公司品牌背后，通常需要依靠强势的产品品牌作为基础和支撑。如丰田汽车（旗下有雷克萨斯、凯美瑞、皇冠等产品品牌）、中国移动（产品品牌有全球通、神州行和动感地带）等。

创建公司品牌的内容，主要包括公司社会责任和公司能力的构建。公司社会责任指公司面对重大社会问题时所表现出的道德观和责任感，在行为上表现为企业支持慈善事业、关注合法权益、捐助社会公益、保护环境和建设社区等。比如，公司对社会上出现的一些重大事件进行捐赠，如全球许多国家及国内许多企业对 2008 年四川汶川地震灾区的捐助行为，一方面体现了人类的爱心和义举，另一方面也为捐助公司树立了具有社会责任感的公司形象。公司能力通常体现为企业生产与提供产品或服务的专业水平，如技术创新能力、生产制造能力。

创建产品品牌的重点，通常是在产品的细分市场针对目标顾客建立积极、正面和独特的品牌联想。强势的产品品牌通常能给消费者带来六方面重要联想：①品类联想，如哈根达斯代表冰激凌，康柏指代电脑。②产品属性联想。如 7-11 连锁店，在于它提供了比杂货店更便利的服务。③质量和价值联想。如星巴克咖啡拥有稳定、持续地提供全世界最好咖啡品质的声望。④产品使用场合联想。如星巴克的咖啡屋。⑤使用者形象联想。如奔驰轿车与成功的企业家。⑥原产地联想。如香奈儿被认为是永恒的法国品牌，斯沃琪则具有瑞士优质钟表传统。

2008 年 9 月，在箱包行业享有盛誉的 Lazazrd 公司，集强大研发阵容和品牌营销专家之优势，再次向手提旅行包市场重磅推出“Barrinton”品牌的手提包产品。

附录 A2（实验 1）

G1

G2

G3

G4

G5

附录 B——实验 2 材料

附录 B1（实验 2）

市场动态	2008.10.8 编辑 陈 龙	21 世纪经济报道

华盛公司推出新产品

本报记者 骆 毅 上海报道

20 世纪 80 年代初，由杨小云、杨永强兄弟投资的华盛集团公司在上海浦东工业园成立。该集团公司致力于专业生产箱包皮具产品，公司集设计、开发、生产、销售为一体，主要产品包括：时装包、旅行包、休闲包、公文包、拉杆包等系列。截至 2007 年，该集团公司以上海浦东为中心，已在长江三角洲投资兴建 3 个生产基地，产品远销国内外市场。

在 2007 年由《21 世纪经济报道》和国际知名品牌咨询机构 Interbrand 联合主办、北京大学光华管理学院、清华大学经济管理学院、中山大学管理学院和南开大学商学院等知名学术机构联合协办的“第六届中国最佳品牌建设评选”活动中，**华盛品牌榜上有名**（部分入选品牌见附表 1）。

品牌认同度是指消费者认同、接受某品牌的程度，或者说某品牌能代表消费者身份、价值观的程度。**华盛品牌不但入选“最佳品牌建设”榜单，而且据《消费者之声》杂志报道，在一项针对消费者品牌认同感的调研中，顾客对华盛品牌的认同度高达 90%，远高于行业平均水平的 65%。**

2008 年 7 月，华盛公司瞄准学生背包市场，专门研发设计了“Quantek”品牌的系列背包。“Quantek”款式多样，为学生背包市场提供了丰富的选择。对于华盛集团推出学生背包系列产品，集团总裁杨小云先生对记者说：“虽然学生背包产品的市场竞争激烈，但相信我们的新产品一定能在市场上占有一席之地。”

附表 1 【第六届中国最佳品牌建设评选】名单（排名不分先后）

品牌名称	上榜理由或优秀案例
……	……
佰草集	中国本土　焕美世界——佰草集清肌养颜太极泥
华盛	**集研发、生产和销售为一体的皮具箱包品牌**
华帝	全球第一款以奥运为主题的厨具套装品牌
大自然	大自然地板：我爱大自然品牌活动
……	……

注：由于篇幅所限，仅摘录部分品牌。详细请见 2007 年 10 月 6 日《21 世纪经济报道》。

附录 B2（实验 2）

市场动态　　2008.10.8　编辑　陈　龙　　21 世纪经济报道

华盛公司推出新产品

本报记者　骆　毅　上海报道

20 世纪 80 年代初，由杨小云、杨永强兄弟投资的华盛集团公司在上海浦东工业园成立。该集团公司致力于专业生产箱包皮具产品，公司集设计、开发、生产、销售为一体，主要产品包括：时装包、旅行包、休闲包、公文包、拉杆包等系列。截至 2007 年，该集团公司以上海浦东为中心，已在长江三角洲投资兴建 3 个生产基地，产品远销国内外市场。

在 2007 年由《21 世纪经济报道》和国际知名品牌咨询机构 Interbrand 联合主办、北京大学光华管理学院、清华大学经济管理学院、中山大学管理学院和南开大学商学院等知名学术机构联合协办的“第六届中国最佳品牌建设评选”活动中，**华盛品牌榜上有名**（部分入选品牌见附表 1）。

品牌认同度是指消费者认同、接受某品牌的程度，或者说某品牌能代表消费者身份、价值观的程度。**虽然华盛品牌入选“最佳品牌建设”榜单，但据《消费者之声》杂志报道，在一项针对消费者品牌认同感的调研发现，顾客对华盛品牌的认同度较低，仅为 25%，远低于行业平均水平的 65%。**

2008 年 7 月，华盛公司瞄准学生背包市场，专门研发设计了“Quantek”品牌的系列背包。“Quantek”款式多样，为学生背包市场提供了丰富的选择。对于华盛集团推出学生背包系列产品，集团总裁杨小云先生对记者说：“虽然学生背包产品的市场竞争激烈，但相信我们的新产品一定能在市场上占有一席之地。”

附表 1　【第六届中国最佳品牌建设评选】名单（排名不分先后）

品牌名称	上榜理由或优秀案例
……	……
佰草集	中国本土　焕美世界——佰草集清肌养颜太极泥
华盛	**集研发、生产和销售为一体的皮具箱包品牌**
华帝	全球第一款以奥运为主题的厨具套装品牌
大自然	大自然地板：我爱大自然品牌活动
……	……

注：由于篇幅所限，仅摘录部分品牌。详细请见 2007 年 10 月 6 日《21 世纪经济报道》。

附录 B3（实验 2）

市场动态　　2008.10.8　编辑　陈　龙　　21 世纪经济报道

华盛公司推出新产品

本报记者　骆　毅　上海报道

20 世纪 80 年代初，由杨小云、杨永强兄弟投资的华盛集团公司在上海浦东工业园成立。该集团公司致力于专业生产箱包皮具产品，公司集设计、开发、生产、销售为一体，主要产品包括：时装包、旅行包、休闲包、公文包、拉杆包等系列。截至 2007 年，该集团公司以上海浦东为中心，已在长江三角洲投资兴建 3 个生产基地，产品远销国内外市场。

在 2007 年由《21 世纪经济报道》和国际知名品牌咨询机构 Interbrand 联合主办、北京大学光华管理学院、清华大学经济管理学院、中山大学管理学院和南开大学商学院等知名学术机构联合协办的“第六届中国最佳品牌建设评选”活动中，**很遗憾，华盛品牌没有上榜**（部分榜单见附表 1）。

品牌认同度是指消费者认同、接受某品牌的程度，或者说某品牌能代表消费者身份、价值观的程度。**虽然华盛品牌没有入选“最佳品牌建设”榜单，但据《消费者之声》杂志报道，在一项针对消费者品牌认同感的调研中，顾客对华盛品牌的认同度非常高，达到 90%，远高于行业的平均水平 65%。**

2008 年 7 月，华盛公司瞄准学生背包市场，专门研发设计了“Quantek”品牌的系列背包。“Quantek”款式多样，为学生背包市场提供了丰富的选择。对于华盛集团推出学生背包系列产品，集团总裁杨小云先生对记者说：“虽然学生背包产品的市场竞争激烈，但相信我们的新产品一定能在市场上占有一席之地。”

附表 1　【第六届中国最佳品牌建设评选】名单（排名不分先后）

品牌名称	上榜理由或优秀案例
……	……
佰草集	中国本土　焕美世界——佰草集清肌养颜太极泥
方太	好房子　要配好厨电
华帝	全球第一款以奥运为主题的厨具套装品牌
大自然	大自然地板：我爱大自然品牌活动
……	……

注：由于篇幅所限，仅摘录部分品牌。详细请见 2007 年 10 月 6 日《21 世纪经济报道》。

附录 B4（实验 2）

市场动态　　2008.10.8　编辑　陈　龙　　21 世纪经济报道

华盛公司推出新产品

本报记者　骆　毅　上海报道

20 世纪 80 年代初，由杨小云、杨永强兄弟投资的华盛集团公司在上海浦东工业园成立。该集团公司致力于专业生产箱包皮具产品，公司集设计、开发、生产、销售为一体，主要产品包括：时装包、旅行包、休闲包、公文包、拉杆包等系列。截至 2007 年，该集团公司以上海浦东为中心，已在长江三角洲投资兴建 3 个生产基地，产品远销国内外市场。

在 2007 年由《21 世纪经济报道》和国际知名品牌咨询机构 Interbrand 联合主办、北京大学光华管理学院、清华大学经济管理学院、中山大学管理学院和南开大学商学院等知名学术机构联合协办的“第六届中国最佳品牌建设评选”活动中，**很遗憾，华盛品牌没有上榜**（部分榜单见附表 1）。

品牌认同度是指消费者认同、接受某品牌的程度，或者说某品牌能代表消费者身份、价值观的程度。**虽然华盛品牌没有入选“最佳品牌建设”榜单，但据《消费者之声》杂志报道，在一项针对消费者品牌认同感的调研中，顾客对华盛品牌的认同度也较低，仅为 25%，远低于行业平均水平的 65%。**

2008 年 7 月，华盛公司瞄准学生背包市场，专门研发设计了“Quantek”品牌的系列背包。“Quantek”款式多样，为学生背包市场提供了丰富的选择。对于华盛集团推出学生背包系列产品，集团总裁杨小云先生对记者说：“虽然学生背包产品的市场竞争激烈，但相信我们的新产品一定能在市场上占有一席之地。”

附表 1　【第六届中国最佳品牌建设评选】名单（排名不分先后）

品牌名称	上榜理由或优秀案例
……	……
佰草集	中国本土　焕美世界——佰草集清肌养颜太极泥
方太	好房子　要配好厨电
华帝	全球第一款以奥运为主题的厨具套装品牌
大自然	大自然地板：我爱大自然品牌活动
……	……

注：由于篇幅所限，仅摘录部分品牌。详细请见 2007 年 10 月 6 日《21 世纪经济报道》。

附录C——实验3材料

附录C1（实验3）

市场动态	2008.10.8 编辑 陈 龙	21世纪经济报道

华盛公司推出新产品

本报记者 骆 毅 上海报道

20世纪80年代初，由杨小云、杨永强兄弟投资的华盛集团公司在上海浦东工业园成立。该集团公司致力于专业生产箱包皮具产品，公司集设计、开发、生产、销售为一体，主要产品包括：时装包、旅行包、休闲包、公文包、拉杆包等系列。截至2007年，该集团公司以上海浦东为中心，已在长江三角洲投资兴建3个生产基地，产品远销国内外市场。

在2007年由《21世纪经济报道》和国际知名品牌咨询机构Interbrand联合主办、北京大学光华管理学院、清华大学经济管理学院和中山大学管理学院知名学术机构联合协办的**“第六届最佳企业公民品牌评选”活动中，华盛品牌榜上有名**（部分入选品牌见附表1）。该活动主要是评选出**关注环境、热衷社会公益事业和社区建设具有社会责任的公司品牌。**

品牌认同度是指消费者认同、接受某品牌的程度，或者说某品牌能代表消费者身份、价值观的程度。**华盛品牌不但入选“最佳企业公民品牌”榜单，而且据《消费者之声》杂志报道，在一项针对消费者品牌认同感的调研中，顾客对华盛品牌的认同度高达90%，远高于行业平均水平的65%。**

2008年7月，华盛公司瞄准学生背包市场，专门研发设计了“Quantek”品牌的系列背包。“Quantek”款式多样，为学生背包市场提供了丰富的选择。对于华盛集团推出学生背包系列产品，集团总裁杨小云先生对记者说：“虽然学生背包产品的市场竞争激烈，但相信我们的新产品一定能在市场上占有一席之地。”

附表 1 【第六届中国最佳企业公民品牌】名单（排名不分先后）

品牌名称	上榜理由或优秀案例
……	……
佰草集	中国本土　焕美世界——佰草集清肌养颜太极泥，关爱大自然
华盛	**热衷社会公益事业、关注人类环境的皮具箱包品牌**
华帝	全球第一款以奥运为主题的厨具套装品牌，关爱环境
大自然	大自然地板：我爱大自然品牌活动，关爱环境，热心公益事业
……	……

注：由于篇幅所限，仅摘录部分品牌。详细请见 2007 年 10 月 6 日《21 世纪经济报道》。

附录 C2（实验 3）

市场动态	2008.10.8 编辑 陈 龙	21 世纪经济报道

华盛公司推出新产品

本报记者 骆 毅 上海报道

20 世纪 80 年代初，由杨小云、杨永强兄弟投资的华盛集团公司在上海浦东工业园成立。该集团公司致力于专业生产箱包皮具产品，公司集设计、开发、生产、销售为一体，主要产品包括：时装包、旅行包、休闲包、公文包、拉杆包等系列。截至 2007 年，该集团公司以上海浦东为中心，已在长江三角洲投资兴建 3 个生产基地，产品远销国内外市场。

在 2007 年由《21 世纪经济报道》和国际知名品牌咨询机构 Interbrand 联合主办、北京大学光华管理学院、清华大学经济管理学院和中山大学管理学院知名学术机构联合协办的**“第六届最佳企业公民品牌评选”活动中，华盛品牌榜上有名**（部分入选品牌见附表 1）。该活动主要是评选出**关注环境、热衷社会公益事业和社区建设具有社会责任的公司品牌。**

品牌认同度是指消费者认同、接受某品牌的程度，或者说某品牌能代表消费者身份、价值观的程度。**虽然华盛品牌入选“第六届最佳企业公民品牌”榜单，但据《消费者之声》杂志报道，在一项针对消费者品牌认同感的调研发现，顾客对华盛品牌的认同度较低，仅为 25%，远低于行业平均水平的 65%。**

2008 年 7 月，华盛公司瞄准学生背包市场，专门研发设计了“Quantek”品牌的系列背包。“Quantek”款式多样，为学生背包市场提供了丰富的选择。对于华盛集团推出学生背包系列产品，集团总裁杨小云先生对记者说：“虽然学生背包产品的市场竞争激烈，但相信我们的新产品一定能在市场上占有一席之地。”

附表 1 【第六届中国最佳企业公民品牌】名单（排名不分先后）

品牌名称	上榜理由或优秀案例
……	……
佰草集	中国本土 焕美世界——佰草集清肌养颜太极泥，关爱大自然
华盛	**热衷社会公益事业、关注人类环境的皮具箱包品牌**
华帝	全球第一款以奥运为主题的厨具套装品牌，关爱环境
大自然	大自然地板：我爱大自然品牌活动，关爱环境，热心公益事业
……	……

注：由于篇幅所限，仅摘录部分品牌。详细请见 2007 年 10 月 6 日《21 世纪经济报道》。

附录 C3（实验 3）

市场动态	2008.10.8 编辑 陈 龙	21 世纪经济报道

华盛公司推出新产品

本报记者 骆 毅 上海报道

20 世纪 80 年代初，由杨小云、杨永强兄弟投资的华盛集团公司在上海浦东工业园成立。该集团公司致力于专业生产箱包皮具产品，公司集设计、开发、生产、销售为一体，主要产品包括：时装包、旅行包、休闲包、公文包、拉杆包等系列。截至 2007 年，该集团公司以上海浦东为中心，已在长江三角洲投资兴建 3 个生产基地，产品远销国内外市场。

在 2007 年由《21 世纪经济报道》和国际知名品牌咨询机构 Interbrand 联合主办、北京大学光华管理学院、清华大学经济管理学院和中山大学管理学院知名学术机构联合协办的**“第六届最佳企业公民品牌评选”活动中，很遗憾，华盛品牌没有进入榜单**（部分入选品牌见附表 1）。该活动主要是评选出**关注环境、热衷社会公益事业和社区建设具有社会责任的公司品牌。**

品牌认同度是指消费者认同、接受某品牌的程度，或者说某品牌能代表消费者身份、价值观的程度。**虽然华盛品牌没有入选“最佳企业公民品牌”榜单，但据《消费者之声》杂志报道，在一项针对消费者品牌认同感的调研中，顾客对华盛品牌的认同度高达 90%，远高于行业平均水平的 65%。**

2008 年 7 月，华盛公司瞄准学生背包市场，专门研发设计了“Quantek”品牌的系列背包。“Quantek”款式多样，为学生背包市场提供了丰富的选择。对于华盛集团推出学生背包系列产品，集团总裁杨小云先生对记者说：“虽然学生背包产品的市场竞争激烈，但相信我们的新产品一定能在市场上占有一席之地。”

附表 1 【第六届中国最佳企业公民品牌】名单（排名不分先后）

品牌名称	上榜理由或优秀案例
……	……
佰草集	中国本土 焕美世界——佰草集清肌养颜太极泥，关爱大自然
方太	好房子 要配好厨电，注重安全，节约能源
华帝	全球第一款以奥运为主题的厨具套装品牌，关爱环境
大自然	大自然地板：我爱大自然品牌活动，关爱环境，热心公益事业
……	……

注：由于篇幅所限，仅摘录部分品牌。详细请见 2007 年 10 月 6 日《21 世纪经济报道》。

附录 C4（实验 3）

市场动态	2008.10.8 编辑 陈 龙	21 世纪经济报道

华盛公司推出新产品

本报记者 骆 毅 上海报道

20 世纪 80 年代初，由杨小云、杨永强兄弟投资的华盛集团公司在上海浦东工业园成立。该集团公司致力于专业生产箱包皮具产品，公司集设计、开发、生产、销售为一体，主要产品包括：时装包、旅行包、休闲包、公文包、拉杆包等系列。截至 2007 年，该集团公司以上海浦东为中心，已在长江三角洲投资兴建 3 个生产基地，产品远销国内外市场。

在 2007 年由《21 世纪经济报道》和国际知名品牌咨询机构 Interbrand 联合主办、北京大学光华管理学院、清华大学经济管理学院和中山大学管理学院知名学术机构联合协办的**“第六届最佳企业公民品牌评选”活动中，很遗憾，华盛品牌没有进入榜单**（部分入选品牌见附表 1）。该活动主要是评选出**关注环境、热衷社会公益事业和社区建设具有社会责任的公司品牌。**

品牌认同度是指消费者认同、接受某品牌的程度，或者说某品牌能代表消费者身份、价值观的程度。**华盛品牌没有入选“最佳企业公民品牌”，而且据《消费者之声》杂志报道，在一项针对消费者品牌认同感的调研中，顾客对华盛品牌的认同度也较低，仅为 25%，远低于行业平均水平的 65%。**

2008 年 7 月，华盛公司瞄准学生背包市场，专门研发设计了“Quantek”品牌的系列背包。“Quantek”款式多样，为学生背包市场提供了丰富的选择。对于华盛集团推出学生背包系列产品，集团总裁杨小云先生对记者说：“虽然学生背包产品的市场竞争激烈，但相信我们的新产品一定能在市场上占有一席之地。”

附表 1 【第六届中国最佳企业公民品牌】名单（排名不分先后）

品牌名称	上榜理由或优秀案例
……	……
佰草集	中国本土 焕美世界——佰草集清肌养颜太极泥，关爱大自然
方太	好房子 要配好厨电，注重安全，节约能源
华帝	全球第一款以奥运为主题的厨具套装品牌，关爱环境
大自然	大自然地板：我爱大自然品牌活动，关爱环境，热心公益事业
……	……

注：由于篇幅所限，仅摘录部分品牌。详细请见 2007 年 10 月 6 日《21 世纪经济报道》。

附录 D——实验 4 材料

附录 D1（实验 4）

市场动态	2008.10.8 编辑 陈 龙	21 世纪经济报道

华盛公司推出新产品

本报记者 骆 毅 上海报道

20 世纪 80 年代初，由杨小云、杨永强兄弟投资的华盛集团公司在上海浦东工业园成立。该集团公司致力于专业生产箱包皮具产品，公司集设计、开发、生产、销售为一体，主要产品包括：时装包、旅行包、休闲包、公文包、拉杆包等系列。截至 2007 年，该集团公司以上海浦东为中心，已在长江三角洲投资兴建 3 个生产基地，产品远销国内外市场。

在 2007 年由《21 世纪经济报道》和国际知名品牌咨询机构 Interbrand 联合主办、北京大学光华管理学院、清华大学经济管理学院和中山大学管理学院知名学术机构联合协办的**“第六届最佳公司能力与企业创新成就评选”活动中，华盛品牌榜上有名**（部分入选品牌见附表 1）。**该项活动评选的主要标准是公司生产和提供产品或服务的专业水平，其主要指标包括公司的技术创新能力、生产制造能力及售后服务水平等。**

品牌认同度是指消费者认同、接受某品牌的程度，或者说某品牌能代表消费者身份、价值观的程度。**华盛品牌不但入选“最佳公司能力成就奖”榜单，而且据《消费者之声》杂志报道，在一项针对消费者品牌认同感的调研中，顾客对华盛品牌的认同度高达 90%，远高于行业平均水平的 65%。**

2008 年 7 月，华盛公司瞄准学生背包市场，专门研发设计了“Quantek”品牌的系列背包。“Quantek”款式多样，为学生背包市场提供了丰富的选择。对于华盛集团推出学生背包系列产品，集团总裁杨小云先生对记者说："虽然学生背包产品的市场竞争激烈，但相信我们的新产品一定能在市场上占有一席之地。"

附表 1 【第六届中国最佳公司能力成就奖】名单（排名不分先后）

品牌名称	上榜理由或优秀案例
……	……
佰草集	中国本土　焕美世界——佰草集专业研发，成就卓越本土品牌
华盛	**不断专注提升研发水平和制造能力，致力打造箱包产品翘楚**
华帝	全球第一款以奥运为主题的厨具套装品牌，关注最新技术和专业制造能力
大自然	大自然地板：不断创新前沿技术，提高家居生活质量
……	……

注：由于篇幅所限，仅摘录部分品牌。详细请见 2007 年 10 月 6 日《21 世纪经济报道》。

附录 D2（实验 4）

市场动态　　2008.10.8　编辑　陈　龙　　21 世纪经济报道

华盛公司推出新产品

本报记者　骆　毅　上海报道

20 世纪 80 年代初，由杨小云、杨永强兄弟投资的华盛集团公司在上海浦东工业园成立。该集团公司致力于专业生产箱包皮具产品，公司集设计、开发、生产、销售为一体，主要产品包括：时装包、旅行包、休闲包、公文包、拉杆包等系列。截至 2007 年，该集团公司以上海浦东为中心，已在长江三角洲投资兴建 3 个生产基地，产品远销国内外市场。

在 2007 年由《21 世纪经济报道》和国际知名品牌咨询机构 Interbrand 联合主办、北京大学光华管理学院、清华大学经济管理学院和中山大学管理学院知名学术机构联合协办的**“第六届最佳公司能力与企业创新成就评选”活动中，华盛品牌榜上有名**（部分入选品牌见附表 1）。**该项活动评选的主要标准是公司生产和提供产品或服务的专业水平，其主要指标包括公司的技术创新能力、生产制造能力及售后服务水平等。**

品牌认同度是指消费者认同、接受某品牌的程度，或者说某品牌能代表消费者身份、价值观的程度。**华盛品牌虽然入选“最佳公司能力成就奖”榜单，但是，据《消费者之声》杂志报道，在一项针对消费者品牌认同感的调研中，顾客对华盛品牌的认同度仅为 25%，远低于行业平均水平的 65%。**

2008 年 7 月，华盛公司瞄准学生背包市场，专门研发设计了“Quantek”品牌的系列背包。“Quantek”款式多样，为学生背包市场提供了丰富的选择。对于华盛集团推出学生背包系列产品，集团总裁杨小云先生对记者说：“虽然学生背包产品的市场竞争激烈，但相信我们的新产品一定能在市场上占有一席之地。”

附表 1　【第六届中国最佳公司能力成就奖】名单（排名不分先后）

品牌名称	上榜理由或优秀案例
……	……
佰草集	中国本土　焕美世界——佰草集专业研发，成就卓越本土品牌
华盛	**不断专注提升研发水平和制造能力，致力打造箱包产品翘楚**
华帝	全球第一款以奥运为主题的厨具套装品牌，关注最新技术和专业制造能力
大自然	大自然地板：不断创新前沿技术，提高家居生活质量
……	……

注：由于篇幅所限，仅摘录部分品牌。详细请见 2007 年 10 月 6 日《21 世纪经济报道》。

附录 D3（实验 4）

市场动态　　2008.10.8　编辑　陈　龙　　21 世纪经济报道

华盛公司推出新产品

本报记者　骆　毅　上海报道

20 世纪 80 年代初，由杨小云、杨永强兄弟投资的华盛集团公司在上海浦东工业园成立。该集团公司致力于专业生产箱包皮具产品，公司集设计、开发、生产、销售为一体，主要产品包括：时装包、旅行包、休闲包、公文包、拉杆包等系列。截至 2007 年，该集团公司以上海浦东为中心，已在长江三角洲投资兴建 3 个生产基地，产品远销国内外市场。

在 2007 年由《21 世纪经济报道》和国际知名品牌咨询机构 Interbrand 联合主办、北京大学光华管理学院、清华大学经济管理学院和中山大学管理学院知名学术机构联合协办的**“第六届最佳公司能力与企业创新成就评选”活动中，很遗憾，华盛品牌没有上榜**（部分入选品牌见附表 1）。**该项评选活动的主要标准是公司生产和提供产品或服务的专业水平，其主要指标包括公司的技术创新能力、生产制造能力及售后服务水平等。**

品牌认同度是指消费者认同、接受某品牌的程度，或者说某品牌能代表消费者身份、价值观的程度。**华盛品牌虽然没有入选“最佳公司能力成就奖”榜单，但是，据《消费者之声》杂志报道，在一项针对消费者品牌认同感的调研中，顾客对华盛品牌的认同度高达 90%，远高于行业平均水平的 65%。**

2008 年 7 月，华盛公司瞄准学生背包市场，专门研发设计了“Quantek”品牌的系列背包。“Quantek”款式多样，为学生背包市场提供了丰富的选择。对于华盛集团推出学生背包系列产品，集团总裁杨小云先生对记者说：“虽然学生背包产品的市场竞争激烈，但相信我们的新产品一定能在市场上占有一席之地。”

附表 1　【第六届中国最佳公司能力成就奖】名单（排名不分先后）

品牌名称	上榜理由或优秀案例
……	……
佰草集	中国本土　焕美世界——佰草集专业研发，成就卓越本土品牌
方太	好房子　要配好厨电。不断提高产品安全技术，提升节约能源水平
华帝	全球第一款以奥运为主题的厨具套装品牌，关注最新技术和专业制造能力
大自然	大自然地板：不断创新前沿技术，提高家居生活质量
……	……

注：由于篇幅所限，仅摘录部分品牌。详细请见 2007 年 10 月 6 日《21 世纪经济报道》。

附录 D4（实验 4）

市场动态　　2008.10.8　编辑　陈　龙　　21 世纪经济报道

华盛公司推出新产品

本报记者　骆　毅　上海报道

20 世纪 80 年代初，由杨小云、杨永强兄弟投资的华盛集团公司在上海浦东工业园成立。该集团公司致力于专业生产箱包皮具产品，公司集设计、开发、生产、销售为一体，主要产品包括：时装包、旅行包、休闲包、公文包、拉杆包等系列。截至 2007 年，该集团公司以上海浦东为中心，已在长江三角洲投资兴建 3 个生产基地，产品远销国内外市场。

在 2007 年由《21 世纪经济报道》和国际知名品牌咨询机构 Interbrand 联合主办、北京大学光华管理学院、清华大学经济管理学院和中山大学管理学院知名学术机构联合协办的**“第六届最佳公司能力与企业创新成就评选”活动中，很遗憾，华盛品牌没有上榜**（部分入选品牌见附表 1）。**该项活动评选的主要标准是公司生产和提供产品或服务的专业水平，其主要指标包括公司的技术创新能力、生产制造能力及售后服务水平等。**

品牌认同度是指消费者认同、接受某品牌的程度，或者说某品牌能代表消费者身份、价值观的程度。**华盛品牌没有入选“最佳公司能力成就奖”榜单，而且，据《消费者之声》杂志报道，在一项针对消费者品牌认同感的调研中，顾客对华盛品牌的认同度仅为 25%，远低于行业平均水平的 65%。**

2008 年 7 月，华盛公司瞄准学生背包市场，专门研发设计了“Quantek”品牌的系列背包。“Quantek”款式多样，为学生背包市场提供了丰富的选择。对于华盛集团推出学生背包系列产品，集团总裁杨小云先生对记者说：“虽然学生背包产品的市场竞争激烈，但相信我们的新产品一定能在市场上占有一席之地。”

附表 1　【第六届中国最佳公司能力成就奖】名单（排名不分先后）

品牌名称	上榜理由或优秀案例
……	……
佰草集	中国本土　焕美世界——佰草集专业研发，成就卓越本土品牌
方太	好房子　要配好厨电。不断提高产品安全技术，提升节约能源水平
华帝	全球第一款以奥运为主题的厨具套装品牌，关注最新技术和专业制造能力
大自然	大自然地板：不断创新前沿技术，提高家居生活质量
……	……

注：由于篇幅所限，仅摘录部分品牌。详细请见 2007 年 10 月 6 日《21 世纪经济报道》。

附录E——因变量测项

问卷题项（“1”代表完全不同意，“7”代表非常同意，请画“○”）

(1) 我认为“Quantek”背包非常好	1	2	3	4	5	6	7
(2) 我认为“Quantek”背包的质量肯定很好	1	2	3	4	5	6	7
(3) 和同类产品相比，“Quantek”背包一定更好	1	2	3	4	5	6	7
(4) 我觉得“Quantek”背包肯定能为顾客带来很多好处	1	2	3	4	5	6	7
(5) 我相信“Quantek”背包一定很吸引人	1	2	3	4	5	6	7
(6) 我觉得“Quantek”背包非常合意	1	2	3	4	5	6	7
(7) 我认为“Quantek”背包一定能让我愉悦和满意	1	2	3	4	5	6	7
(8) 我认为“Quantek”背包一定很可靠	1	2	3	4	5	6	7
(9) 我认为“Quantek”背包能给我安全感	1	2	3	4	5	6	7
(10) 如果我打算购买一个背包，我会选择华盛公司的“Quantek”背包	1	2	3	4	5	6	7
(11) 我会购买华盛公司的“Quantek”背包	1	2	3	4	5	6	7
(12) 如果有同学也要购买背包，我会推荐同学购买“Quantek”背包	1	2	3	4	5	6	7

问卷到此结束，谢谢！

请填写以下基本资料：

(13) 性别：________________

(14) 年龄：________________

(15) 当前学历：____________

(16) 专业：________________

注：在各实验中，操控性检验题项系置于实验材料之后、因变量测项之前。由于各实验的操控性检验题项已在本书各章中予以交代，因此，为节约篇幅，没有将各实验的操控检验题项单列。